河北新型智库·河北省文化产业发展研究中心成果丛书

河北大学燕赵文化高等研究院
INSTITUTE FOR ADVANCED STUDY OF YANZHAO CULTURE, HEBEI UNIVERSITY
———— 成 | 果 | 文 | 库 ————

成 果 说 明

本书为河北省教育厅人文社科重大攻关项目"河北大运河文化带发展策略研究"(项目编号:ZD201922)之成果。作为河北省第一本以大运河文化带研究的专著,本书通过实地调研、访谈、座谈、论坛峰会等形式,将河北大运河文化带建设融入京津冀协同发展框架内,探索大运河文化带发展策略的"河北方案"。全书可划分为两个部分:上半部分,是站在国家层面对河北文化带建设的宏观分析和理论探索;下半部分,是梳理河北5市1区21县大运河流经核心区域文化现状后,得出河北大运河文化带的实证报告。

"河北大运河文化带发展策略研究"课题组

河北大运河文化带发展策略研究

河北省教育厅人文社科重大攻关项目"河北大运河文化带发展策略研究"成果，项目编号：ZD201922

杜浩　王保超　等著

武汉大学出版社

图书在版编目(CIP)数据

河北大运河文化带发展策略研究/杜浩等著. —武汉:武汉大学出版社,2022.6
ISBN 978-7-307-22985-3

Ⅰ.河… Ⅱ.杜… Ⅲ.大运河—文化研究—河北 Ⅳ.K928.42

中国版本图书馆 CIP 数据核字(2022)第 046610 号

责任编辑:胡国民　　责任校对:李孟潇　　版式设计:马　佳

出版发行:武汉大学出版社　(430072　武昌　珞珈山)
　　　　　(电子邮箱:cbs22@whu.edu.cn　网址:www.wdp.com.cn)
印刷:武汉中远印务有限公司
开本:720×1000　1/16　印张:13　字数:185 千字　插页:3
版次:2022 年 6 月第 1 版　　2022 年 6 月第 1 次印刷
ISBN 978-7-307-22985-3　　定价:50.00 元

版权所有,不得翻印;凡购我社的图书,如有质量问题,请与当地图书销售部门联系调换。

序　言

中国大运河是活态的、线性的，承载着中华民族强大的历史文化基因。所谓"活态的"，是指大运河的"遗产属性"和实用功能；所谓"线性的"，是指大运河的地理属性和时间属性。中国大运河的开凿最早可以追溯至春秋战国时期，横跨六省，沟通五大水系，促进了运河沿线城市的发展。梁白泉先生在《初论运河文化》中，对运河文化的价值、运河文化的保护和利用进行了早期阐释与考证；单霁翔先生在《"活态遗产"：大运河保护创新论》，对大运河文化遗产保护和城市发展的关系、大运河遗产价值和内涵挖掘、大运河非物质文化遗产保护等问题进行了分析。这些思考，为今天大运河文化带建设提供了思路，也为中国大运河文化带建设提供了重要的参考资料。

2006年，国务院陆续将215个价值突出的大运河文物公布为全国重点文物保护单位。2014年，第38届世界遗产大会将中国大运河项目纳入《世界文化遗产名录》。2017，习近平总书记在考察大运河的过程中作出了两次重要批示，为推进大运河文化带发展指明了方向。2019年12月，大运河文化保护、传承与发展上升到了国家战略高度，标志着大运河文化产业带发展进入新时代。

河北省作为中国大运河流经的主要区域，涉及5市1区21县，与大运河相关的各类遗存300余处，衍生文物遗存26处，省级以上非物质文化遗产400余项。其中，沧州市东光县谢家坝、衡水市景县华家口夯土险工、南运河沧州至德州段河道三处为大运河申报世界文化遗产"首批申遗点段"。据考证，河北大运河最早开凿于东汉末年，隋朝永济渠为今河北运河的基础段。河北大运河具有深厚的历史根基，河北大运河文化带建设是对河北大运河文化历史的保护、传承和利用的具体表现。河北大运河文化，受沿线城市商贸、漕运、手工业、农业的影响，以燕赵文化为主体，吸纳了荆楚文化、吴越文化，形成了具有兼容性、多元性、开放性的文化，在历史上产生了深远的影响。河北大运河文化带建设应该抢抓历史机遇，站在新的起点上，赋予河北大运河文化以新的时代价值。具体而言，要以京津冀一体化发展为契机，联动北京、天津大运河文化建设，在坚持保护为主、积极传承、合理利用的基础上，以燕赵文化为引领，形成兼容并蓄、活态传承、创新发展的河北大运河文化新形象，推动周边地区实现绿色、协调、高质量发展。

《河北大运河文化带发展策略研究》作为一部以河北大运河文化研究的专著，可以划分为两个部分。第一部分（第1~6章）涉及基础理论，是对河北大运河文化发展的探索。首先，对河北大运河的历史沿革、空间分布、内涵与外延特征进行了具体论述，以大运河文化发展的三个时间节点为划分，将河北大运河文化带建设归纳为四个阶段：萌芽时期（2000—2013）、理论构想时期（2014—2016）、理论实践时期（2017—2018）、全面实施时期（2019—）。其次，针对河北大运河文化带在文化遗产保护、生态环境建设、文化创意产业开发、文化旅游和乡镇复兴等问题上，指出了河北大运河文化建设八个方面的困境，包括水系治理、遗产保护、文化挖掘、文化传播等方面的不足。最后，指出了河北大运河文化发展的"未来流向"，一是统筹协同，结合京津冀协同发展战略，为河北大运河文化带建设提供新的契机；二是结合河北大运河文化带传承、保护、利用现状，为河北大运河文化带现存问题提供"河北方案"。第二部分（第7~11章）是对河北大运河文化带建设情况的具体论述。此部分采用了田野调查和实证的方法，课题组成员对河北不同地域大运河文化带发展进行了详细考察，形成了市级大运河文化带建设整体概况、保护、传承、利用和发展策略的研究，针对不同地区的不同状况，提供了相应的解决措施。如以沧州、衡水大运河文化建设为例，沧州市是河北省境内大运河唯一贯穿中心城市的地域，政府和地方保护措施最为完备。衡水市拥有世界文化遗产"首批申遗点段"——华家口夯土险工，保护、传承和利用模式都具有典范性。但是，整体而言，河北省大运河文化遗产资源梳理和保护仍处于较低水平，在区域大运河文化利用上存在创新性不足的问题，大运河文化基础设施和公园建设仍不完善。

  本书以丰富的史料和河北大运河流经各区域的田野调查为基础，多层次、多角度展示了河北运河文化的历史形成轨迹和保护、传承、利用现状，总结了河北大运河文化带发展过程中现实存在的问题，并提供了河北大运河文化发展的具体策略，具有较高的应用价值和现实意义，对传承好、保护好、利用好河北运河文化将起到借鉴、指导作用。另外，围绕本书内容，还形成了《河北省大运河文化遗产图谱》（六卷本）、河北大运河非遗数据库等多项成果，完善了河北大运河文化带的基础工作。

作　者
2022 年 3 月

目 录

第一章 河北大运河文化带的内涵与外延分析 ……… 1
  一、大运河河北段历史沿革与空间分布 ……… 1
  二、河北大运河文化带的基本内涵 ……… 5
  三、河北大运河文化带的外延特征 ……… 10
  四、河北大运河文化带的研究意义 ……… 12

第二章 河北大运河文化带的发展历程 ……… 15
  一、大运河文化带萌芽时期（2000—2013） ……… 15
  二、大运河文化带理论构想时期（2014—2016） ……… 18
  三、大运河文化带理论实践时期（2017—2018） ……… 20
  四、大运河文化带全面实施时期（2019年至今） ……… 23

第三章 河北大运河文化带建设的现实困境 ……… 27
  一、运河水系治理管护任务艰巨 ……… 27
  二、生态保护及治理未能与经济发展实现协调统一 ……… 28
  三、运河沿线文化遗产的保护工作力度与深度不足 ……… 30
  四、政策法规尚不健全且约束力薄弱 ……… 31
  五、多头治理条块分割易产生保护及利用矛盾 ……… 34
  六、公共参与机制不完备，缺乏多元主体合作平台 ……… 35
  七、文化内涵挖掘不足，开发同质化问题严重 ……… 36
  八、沿线城市形象传播不高效，传播方式未能实现
    创新性变革 ……… 37

目 录

第四章　统筹协同：京津冀视野下的大运河文化带发展 ……… 40
　　一、京津冀大运河文化带发展现状 ……………………… 40
　　二、京津冀大运河文化带发展所面临的困境 …………… 47
　　三、京津冀大运河文化带发展策略 ……………………… 49

第五章　保护传承利用：河北大运河文化带的未来"流向" …………………………………………………… 53
　　一、搭建好大运河文化保护平台：梳理大运河文化遗产内涵 ………………………………………………………… 54
　　二、传承好大运河文化：讲好大运河"河北故事" ……… 59
　　三、利用好大运河资源：大运河文旅融合产业集群 …… 66

第六章　河北大运河红色文化资源传承与品牌应用 ………… 78
　　一、河北大运河红色文化品牌利用的现状 ……………… 79
　　二、河北大运河红色文化品牌发展的主要问题 ………… 81
　　三、构建大运河红色文化品牌的发展策略 ……………… 83
　　四、利用大运河红色文化品牌的基本策略 ……………… 85

第七章　沧州市大运河文化带发展现状及策略 ……………… 87
　　一、沧州市大运河文化带整体概况 ……………………… 87
　　二、沧州市大运河文化带保护现状 ……………………… 93
　　三、沧州大运河文化带的文化传承 ……………………… 101
　　四、沧州大运河文化带的文化利用 ……………………… 105
　　五、沧州市大运河文化带发展策略 ……………………… 111

第八章　衡水市大运河文化带发展现状及策略 ……………… 120
　　一、衡水市大运河文化带整体概况 ……………………… 120
　　二、衡水市大运河文化带保护现状 ……………………… 125
　　三、衡水市大运河文化带传承现状 ……………………… 127
　　四、衡水市大运河文化带利用现状 ……………………… 137
　　五、衡水市大运河文化带发展策略 ……………………… 142

第九章　廊坊市大运河文化带发展现状及策略研究……… 146
　　一、廊坊市大运河文化带整体概况……………………… 146
　　二、廊坊市大运河文化带建设现状……………………… 150
　　三、廊坊市大运河文化带建设的规划…………………… 152
　　四、廊坊市大运河文化带保护、传承现状……………… 154
　　五、廊坊市大运河文化带发展策略……………………… 159

第十章　邯郸市大运河文化带发展现状及策略……………… 167
　　一、邯郸市大运河文化带整体概况……………………… 167
　　二、邯郸市大运河文化带保护现状……………………… 172
　　三、邯郸市大运河文化带利用现状……………………… 175
　　四、邯郸市大运河文化带发展策略……………………… 179

第十一章　邢台市大运河文化带发展现状及策略…………… 183
　　一、邢台市大运河文化带整体概况……………………… 183
　　二、邢台市大运河文化带保护现状……………………… 184
　　三、邢台市大运河文化带传承利用现状………………… 192
　　四、邢台市大运河文化带发展策略……………………… 194

后记……………………………………………………………… 197

第一章 河北大运河文化带的内涵与外延分析

2017年，习近平总书记对大运河文化带作了两次重要的批示，至此拉开了大运河文化带全面发展的序幕。河北大运河文化带作为大运河文化带的重要组成部分，肇始于东汉末年曹操开凿的白沟和平虏渠，主要范围包括京杭大运河、隋唐大运河，即卫运河、卫河、北运河、南运河、永济渠遗址，以及白洋淀与大运河连通部分。本书在其历史沿革和空间分布基础上，借助政府权威文件、前辈学人的理论研究，试图对河北大运河文化带的内涵与外延进行界定，并总结出三点内涵价值和四点基本特征。在建设大运河文化带过程中，首先应当以习近平总书记重要指示为依据，深刻理解大运河文化带内涵价值与外延特征，才能抓住"牛鼻子"，让河北大运河文化带朝着正确的方向发展。

一、大运河河北段历史沿革与空间分布

（一）河北大运河文化带的历史沿革

隋代开凿的永济渠为当今运河的基础段。到了元代，京杭大运河正式形成。历代均进行了系统的疏浚、整治，一直到20世纪60年代，通航能力依旧很强，20世纪70年代，由于上游修建水库需要设闸蓄水，运河航运逐渐衰退，直至全线断航。

> 汉建安九年，魏武王于水口下大枋木以成堰，遏其东水入白沟以通漕运，故时人号其处为枋头。是以卢谌《征艰赋》

曰：后背洪枋巨堰，深渠高堤者也。

——《水经·淇水注》

204年，魏武王曹操在河北屯兵驻扎，为开荒屯田，征调军民开凿、疏浚名为白沟的古河道。由于水源不够充足，于是下令"遏淇水入白沟，以通粮道"，即将淇水引入白沟，扩充水源，这一做法首次连接了河南以及黄河以北的各条运河。淇水就是今天的清河，故道大致是现在的卫河，这便是河北大运河的开端。

县境内的南运河历史悠久，开凿于三国时期。据《魏志·武帝记》记载，由曹魏所开，时称平虏渠，为青县至静海段的南运河。

——《青县志》

206年，曹操北征乌桓，采取董昭的建议，在白沟和直沽河（今海河）之间开凿平虏渠，平虏渠连通白沟、泒水和滹沱河，位置大致在今河北青县之东，相当于现在南运河稍偏东地区。

永济渠在县西郭，内阔一百七十尺，深两丈四尺。南自汲郡引清、淇水，东北入白沟，穿此县入临清……隋氏修之，因名"永济渠"。

——《元和郡县志·永济县下》

608年，隋炀帝发动河北各郡百万余民众以白沟、平虏渠为基本部分开凿永济渠，因泉州渠已淤塞，故在津西静海境内溯拒马河、永定河直至涿郡（今北京）。永济渠也称御河，明代以后称卫河。

（二）河北大运河文化带的空间分布

河北段大运河主要范围包括隋唐大运河和京杭大运河，包括卫运河、卫河、北运河、永济渠遗址南运河以及白洋淀与大运河连通部分，河道全长530多千米，流经沧州、廊坊、衡水、邢台、邯郸及雄安新区5市1区的21个县（区、市）。2014年6月中国大运河被列入《世界文化遗产名录》，南运河沧州—衡水德州段（河北部分，注：总长94千米）、华家口险工、连镇谢家坝这两点一段列入其中，为河北省的第四处世界文化遗产。20世纪六七十年代，河北境内大运河已全面断航，现存运河河道的主要功能为输水和泄洪。

该段运河的各类遗产的分布非常广泛，通过对河北段大运河文物调查，发现各类遗存中有56项被列入《中国大运河河北段遗产保护规划》。① 其中北运河（河北段）、南运河（河北段）、郑口挑水坝、红庙村金门闸、捷地分洪设施、朱唐口险工等已经成为第七批全国重点文物保护单位，是大运河的重要组成部分。由运河衍生的文物遗存，包括大名府故城、沧州旧城、泊头清真寺等，已被列为不同级别的文物保护单位。

1. 河北大运河主要组成部分

北运河属于海河流域的北运河水系，该水系最早开始于隋朝时期的永济渠，元朝后成为京杭大运河的重要组成部分之一。其河北段北运河流经香河县，从安平镇鲁家务村西北流入香河县，通过武清边界、香河至五百户镇东双街村南部出境。境内河道长度达20.38千米。

南运河属海河流域漳卫南运河系，起源于东汉建安十一年（206）曹操下令开凿的平虏渠，是隋唐时期永济渠直至元代以后京杭大运河的组成部分之一。南运河起始点源于四女寺枢纽，流经山东德州德城区、河北泊头市、景县、沧州市区、故城、沧县、青县、阜城、南皮、吴桥、东光等县市，终于天津市静海区独流镇十一堡节制闸。河道全长达309千米，其中河北省境内长度为253千米。

---

① 《河北大运河遗产保护将分"三步走"》，河北新闻网，http://www.hebnews.cn，2012-08-28。

卫河，原本为黄河故道，由于春秋时期属于卫地因此得名为卫河，汉代称为白沟，隋唐时期称为永济渠，也称御河，明代时被叫作卫河（又称卫漕）。卫河起源山西，流经山东、河南、河北三个省，在河北馆陶徐万仓和漳河汇流；流经魏县、大名县，河北境内河道长达61千米。

卫运河又称漳卫南运河，是卫河和漳河在徐万仓汇流后流至四女寺段的河道。卫运河全长157千米，两岸堤防长320.5千米，为冀、鲁两省的边界河道。左岸流经清河县、临西县、故城县、馆陶县；右岸流经山东临清、武城、冠县、夏津；至四女寺枢纽后分流并入漳卫新河、南运河。该段河道拥有悠久的历史，秦汉时是黄河故道，因水清澈见底，得名清河；隋唐时期属于永济渠，宋时又称为御河，到了元代，临清到四女寺段河道成为京杭大运河的一段，民国后开始称为卫运河。

白洋淀与大运河连通部分，保定至天津在历史上是有水路联通的，且曾经是中国北方重要的水路通道。该段水路始于明清，自保定始，从府河流经白洋淀，然后向东经过大清河汇入海河。明清以来，数百年来，白洋淀、大清河、府河一起构筑起了保定与天津之间重要的水路通道。

古运河故道，位于河北省邯郸市境内，涉及三处：魏县双井镇河南村古运河故道、馆陶县路桥乡木官庄村东北古运河故道以及大名县南部三铺村古运河故道，全长约40千米。

2. 河北大运河行政区划划分

（1）廊坊段。该河段为北运河的一部分，为京杭大运河的重要部分之一。自香河县安平镇鲁家务村西北部流入香河县，经过香河、武清边界到五百户镇东双街村南出境。流经安平、钳屯、淑阳、五百户四个乡镇。

（2）雄安新区段。该河段构建白洋淀—大清河生态文化走廊，形成了"一廊、两集群，三核、多节点"的大运河文化带雄安新区段总体发展格局；充分展示了北方水乡淀泊生态文化、乡愁乡韵传统文化、家国使命文化和商贸水运文化，同时融入当代新技术、新精神和新追求，成为中华优秀传统文化的传承创新发展示范区。

（3）沧州段。该河段位于沧州中部，是南运河的一部分。元代以后为京杭大运河的重要部分之一，南起吴桥第六屯，北至青县李又屯村，流经沧州市境内东光、吴桥、南皮、沧县、沧州市区等七个县市（区），约为京杭大运河总长的七分之一，是大运河流经的城市中航道最长的地区。

（4）衡水段。该河段位于衡水东部，北为南运河，南为卫运河，是京杭大运河的重要组成部分之一。南运河段自山东省德州市四女寺枢纽入境，经过景县、阜城、故城三县，到阜城张华雨村至北流入沧州；卫运河由故城辛堤村南部至四女寺枢纽。

（5）邢台段。该河段现称卫运河，基本是历史上京杭大运河河道位置，位于邢台市东部边界。由临西尖庄村南部入境，流经临西、清河两县，到清河渡口驿村北进入衡水。

（6）邯郸段。该河段是中国古代运河的起源地之一，也是大运河中段的重要流域之一，包括卫河、卫运河、隋唐运河故道三个部分，境内运河主要流经大名县、魏县、馆陶县等地。

二、河北大运河文化带的基本内涵

（一）大运河文化带的内涵解析

"大运河文化带"即由于运河流经此地形成的带状区域，它是在历史中不断积累的，被人民创造、传承的规则、技术以及文化的总和。相比其他类型的区域文化来说，运河文化带存在严重的区域差别，缺乏真正的归属感和认同感，但也因为运河具有极强的历史沟通功能以及地域的整合能力，所以"大运河文化带"也可以说是一个符号意义上的共同体（见图1-1）。

为了遵循习近平总书记"保护好、传承好、利用好大运河"的重要指示精神，2019年2月，国务院办公厅、中共中央办公厅发布了《大运河文化保护传承利用规划纲要》。该纲要以大运河文化遗产为载体，以其承载的精神内涵以及文化价值为核心，以保

第一章 河北大运河文化带的内涵与外延分析

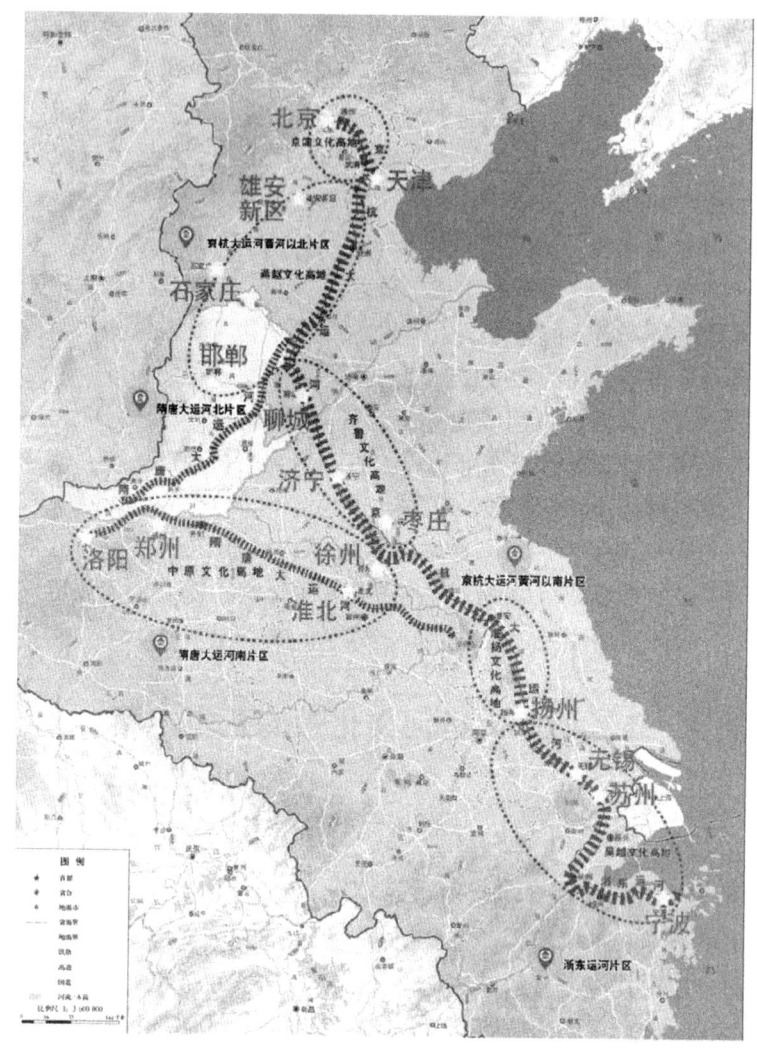

图 1-1 大运河文化带示意图

护、传承和利用大运河包含的优秀文化为立足点和出发点，明确了大运河"继古开今的璀璨文化带、山水秀丽的绿色生态带、享誉中外的缤纷旅游带"的功能定位，建设"魅力运河""美丽运河""多彩运河"，使大运河流经区域朝着绿色、协调和高质量方向发展。因此本着"河为线,城为珠,线串珠,珠带面"的思路,纲要提出构筑一条由主轴带动整体发展、五大片区重塑大运河实体、六大高地凸显文化引领、多点联动形成发展合力的空间格局。"一条主轴"即京杭大运河和浙东运河(含河北雄安新区白洋淀与大运河连通部分),充分发挥大运河的线性串联和综合展示功能;"五大片区"为隋唐大运河河南片区、浙东运河片区、京杭大运河黄河以北片区(含雄安新区)、京杭运河黄河以南片区、隋唐大运河河北片区,是对大运河本体的空间支撑;"六大高地"指京津、齐鲁、燕赵、淮扬、中原、吴越这六大高地;"多点联动"是指围绕这六个文化高地,构建城市和特色村镇功能分明、多方联动的发展格局。

2017年9月,中国传媒大学发布的《大运河文化带调研报告》对该文化带的内涵进行了界定:以大运河文化为内核,将保护、传承、利用作为主线,带状空间为载体,区域交通束(航运、高速、高铁等)为基础,以沿线城镇为发展主体,集遗产与生态保护、展示与爱国教育、创意与休闲游憩、经济与社会发展等多种功能于一体的综合型带状功能区域。

(二)河北大运河文化带的内涵解析

对河北大运河文化带的内涵解析,国内学者研究较少,例如吴秋丽(2020)认为,河北省的运河文化带是以燕赵运河文化为核心,保护、传承、利用为主线,以运河沿岸带状地理空间为载体,将运河沿线城镇视为发展主体的综合型文化功能区域。内涵可从时间、空间和内容这三个方面进行深入解析。

在《大运河文化保护传承利用规划纲要》中,河北段大运河处于十分重要的位置。在"一条主轴"上,廊坊市、沧州市、衡水市3个地市及雄安新区均处于京杭大运河主轴。其中,沧州市还是其流经最长的地级市。在"五大片区"中,大运河河北段沿线城市主要分布在两大片区,即隋唐大运河河北片区、河北京杭大运河黄河以北片区(含雄安新区);"六大高地"中,河北省是燕赵文化高地的主体,是大运河文化不可缺少的重要组成部分。

2020年1月8日,《河北省大运河文化保护传承利用实施规划》指出了河北大运河文化带建设的目标、方向和任务,以此来推进运河文化带的保护、传承和利用工作,并且提出要遵循高质量发展要求。坚定文化自信,坚持以人民为中心,文化引领,共抓大保护,不搞大开发,强化文化的遗产传承与保护,推进河道水系的治理与管护,强化生态环境的修复与保护,奋力实现文旅游融合,城乡区域统筹协调发展,创新保护传承利用机制,加快形成"一轴、两廊、五区、多集群"的河北大运河文化带发展格局。

综上所述,河北大运河文化带定义为:在坚持保护为主、积极传承、合理利用原则的基础上,以燕赵文化为引领,将打造原真生态景观带、多彩全域旅游带、燕赵文化展示带、协同发展示范带为功能定位,推动周边区域实现绿色、协调、高质量发展为目标的区域性带状系统。

1. 一条主线:以"燕赵文化"为引领,达成"三个发展"目标

在我国国家"带状"战略中,大多是以经济带为主,作为一种对人口、空间、资源和经济活动的宏观规划。而以文化带为主的"带状"战略,大运河文化带尚属首次提及。大运河文化所说的不是小文化,而是大文化;不能看作是河两岸的生态建设,也不能简单地认为是对世界遗产的保护,它的目标是利用运河文化带所包含的文化资源,带领整个中国运河区域的经济和社会走上高质量发展的道路。就河北大运河文化带而言,就是要以燕赵文化为引领,从推进河道水系的治理管护、文旅融合发展、加强生态环境保护与修复、强化文化遗产的保护传承4个方面着手,根本目标是推动达成大运河沿线区域"三个发展"的目标,即绿色、协调和高质量发展。

2. 核心原则:保护为主、积极传承、合理利用

2017年6月4日,习近平总书记就运河文化带的建设作出了重要指示,提出"保护好、传承好、利用好"三原则。保护好,即坚持历史的真实性、生活的延续性、风貌的完整性,遵循国家的

二、河北大运河文化带的基本内涵

法律法规,加强对运河故道、古村古镇、文物遗迹等尤其是已经列入《世界文化遗产名录》的历史文化遗存的保护。传承好,即在保护的基础上,对运河历史、运河艺术、运河名人、运河文学等尤其是对运河精神等非物质文化遗产进行深度发掘,加以整理与研究,赋予其新的时代内涵,并且以多种方式广为传播和弘扬。利用好,即积极利用,用好用活运河资源,以文化建设为引导,带动沿线地区的社会、经济、生态等建设,使得大运河文化带成为沿线地区经济社会发展的重要软实力。

在河北大运河文化带建设过程中,"三个好"之间的关系要理顺,保护好是基础,利用好是手段,传承好是目标。保护好是传承好、利用好的源泉,只有在对文化遗产进行保护的基础上,才能更好地挖掘其当代价值进行传承,才能将其转化为"IP"进行合理利用开发;传承好,是保护好、利用好的最终目的,不管是对大运河文化遗产的保护,还是对文化资源的适度开发,最后都是为了对大运河文化进行创造性转化以及创新性发展,让大运河文化对内能够实现文化认同,对外能够讲好其故事;利用好,是传承好、保护好的主要手段,大运河文化带的首要发展阶段是文化遗产的保护和生态环境的修复,但是要实现传承的目标,就要在保护优先的基础上,探寻以运河文化"IP"为桥梁,融合特色小镇、旅游产品等,集景观带、经济带和文化带为一体的综合性城市集合体。

3. 功能定位:"三个好"基础上延伸"四个带"定位

概念的背后折射出的是在特定的文化语境下人类对某一文化遗产的价值理解以及保护方式的选择。对运河类的文化遗产来说,欧洲称为文化线路,美国将其命名为遗产廊道。对于文化线路来说,它重视的是产品和要素,而遗产廊道则侧重于"人与自然的共同作品",对于大运河文化带的建设来说,它既不能认为是沿线城市群的经济建设,又不局限于对文化遗产的保护,而是打破了"非物质文化遗产保护"加"文化与旅游开发"的简单框架,并且拥有了完整的功能定位与整体的谋划。在《大运河文化保护传承利用规划纲要》中,"三个好"的核心原则直接转化为文化带、生态带、旅游带"三个带",注重新时代中国大运河文化带的功能定位。而对于河北段大运河来说,核心原则直接转化为燕赵文化展示带、协同发展示范带、多彩全域旅游带、原真生态景观带"四个带"的功能定位。燕赵文化展示带将保护好、传承好,挖掘和弘扬大运河千年文化的当代价值和时代特色作为工作的重点;协同发展示范带则是保护、传承、利用在空间功能上的综合体现,河北大运河上串京津、下联鲁豫,是京津冀协同发展的纽带以及雄安新区外扩的重要生态文化纽带;多彩全域旅游带则是以利用好为主,构筑燕赵文化旅游新高地;原真生态景观带也是保护好的重要体现,通过对生态环境的修复,彰显河北传统建筑风貌特色,延续历史文脉。因此,大运河文旅融合发展有利于促进京津冀区域和沿线省区的旅游合作,推动区域联动发展,是打造区域合作共赢、共建共享旅游发展成果的新样板。

三、河北大运河文化带的外延特征

2017年,中国传媒大学范周教授在对大运河文化带调研的过程中,总结出大运河文化带的四个特征。一是工程性。区别于藏羌彝走廊等其他文化线路的最本质特征,它体现中华民族在工程和科技领域的突出表现。二是线廊性。大运河流域范围达8省(直辖市)35个城市,是一个包含经济、文化、生态等多要素的巨型线状系统。三是活态性。大运河至今仍发挥着重要作用,通航里程长达1100多千米,年货运量达近7亿吨。四是融合性。大运河几乎将燕赵文化、江南文化、齐鲁文化甚至东南文化、黄河文化、岭南文化、西部文化等融合在一起,打造了绚丽多彩的中华文明图卷。

对于河北段大运河文化带来说,在借鉴范周团队研究的基础上,具体包括以下四个外延特征。

(一)遗址形态的工程性

河北大运河沿线减河、桥涵、分洪设施、码头、险工及沉船遗址等遗产十分丰富,有重要价值的运河本体遗存遗址,如谢家坝和华家口夯土险工和南运河沧州—衡水—德州段这"两点一段"被列入世界文化遗产。特别是河北大运河夯土加固和弯道代闸两项技术凝聚了中国古代水利工程科技的最高成就，沧州市东光县连镇谢家坝和衡水市景县华家口夯土险工是"糯米砂浆"古法铸造运河大坝技术的典型代表。从平面布局上看，南运河设计了众多弯道，具有"三湾抵一闸"的功能；一系列减河和水闸，用于保障航运和泄洪排洪，成为大运河河北段水利工程的独特创举。

（二）遗产保存原真性

尽管受到历史战乱和局部河道枯竭的影响，但河北大运河人为损毁较少，堤防体系相对完整，保持了漕运时期河道的形态与规模，这当中最为突出的就是沧州至衡水段河道。其中，东光县连镇谢家坝到四女寺枢纽的河道内就有88个弯，沿线"河、滩、堤、林、田、草"蓝绿交织，至今保留着原生古河道形态，更是一种人工与自然结合极佳的美学景观，为"美丽运河"建设提供了良好条件。大运河是沟通河北省水系的重要通道，历史上在商旅交通、南粮北运、军资调配中起到了至关重要的作用，也在生态景观、农业灌溉等方面发挥着十分重要的作用。

（三）文化资源丰富性

河北大运河历史文化遗存丰富，具有较高的历史、艺术和科学价值，包括古城、古镇、窑址、会馆、庙祠、碑刻等各类遗存。因大运河而生的科学技术、沿河物产、历史故事、文学作品、民风民俗等文化遗产，形成了开放包容、重情重义的文化精神，形成了独具河北特色的大运河文化。其中，吴桥的杂技艺人大多是沿着大运河离开家乡，闯荡世界，享誉国际。

（四）区位优势的协同性

河北大运河沿线区域向北通过北京与东北亚丝绸之路连接，向东通过天津和沧州黄骅与海上丝绸之路连接，向西通过大清河与雄安新区及北京大兴国际机场空中丝绸之路连接，是河北与"一带

第一章 河北大运河文化带的内涵与外延分析

一路"连接的重要纽带、京津冀地区协同发展的重要端口、雄安新区建设的关键一环。河北大运河沿线区域自然资源丰富，交通便捷，有着良好的产业基础，综合发展潜力巨大。

四、河北大运河文化带的研究意义

（一）河北大运河文化带是京津冀协同发展的重要纽带

2015年4月30日，《京津冀协同发展规划纲要》提出京津冀地区的协同发展已经上升为国家战略。大运河贯穿北京、天津、河北三地，流淌着京津冀三地共同的文化基因，也承载着京津冀文化保护、传承、利用的重担。河北大运河文化带的建设，将成为京津冀协同发展的一条重要纽带，京津冀三地可以以河北大运河文化带发展为契机，联合保护大运河文化遗产，共同保护、传承、开发大运河文化资源，合作开发大运河文旅融合产业集群。通过河北大运河文化带的发展，京津冀不仅能够实现文旅产业的深度融合协作，也能够加深京津冀的文化认同感，最终形成京津冀区域文化基因。目前，京津冀已经在河北大运河文化带协同发展上取得了一定的成绩。按照北京通州、河北香河和天津武清的协议，2017年，大运河"通州—香河—武清"段已经实现了旅游观光性质的通航，2021年6月，客货运通航也已经实现。

（二）大运河文化带是京津冀遗产廊道建设的内在要求

遗产廊道是美国在保护范围较大文化遗产时经常采用的一种综合保护措施，对大运河这类线性文化遗产的保护较为适合采用这种方式。河北段大运河长530千米，包括卫运河、卫河、北运河、南运河、永济渠遗址，流域范围涉及沧州、衡水、邢台、邯郸、廊坊五市，以雄安新区沿岸的遗产河道、遗产点和非物质文化遗产分散且复杂，如何在空间上将大运河文化资源进行衔接，遗产廊道就可以帮助我们对运河的文化资源进行整体利用，形成"珍珠链"。因此，在河北大运河文化带的建设过程中，既要符合运河线性遗产的基本特征，又要整合运河分散且复杂的文化资源，利用京津冀遗产廊道实现区域文化资源协同保护、协同传承、协同开发。

（三）河北大运河文化带是经济、文化、生态协同发展的现实需求

"保护为主、积极传承、合理利用"是河北大运河文化带发展的基本原则，也是对大运河经济、文化、生态三者协同发展的现实要求。河北大运河文化带发展核心是保护，不仅包括对文化遗产的保护，也包括对大运河生态环境的保护。个别沿线城市仍然存在"重申报、轻管理"的思维，对于文化遗产的申报态度积极，但是在后续管理，特别是在生态环境治理上不太重视。对于大运河河北段而言，由于河道大多处于干涸状态，污染严重，随意倾倒垃圾、排放污水的现象仍然存在。因此，河北大运河文化带的发展，就是要解决大运河经济、文化、生态协同发展的现实问题。河北大运河文化带的打造，将对当地文化遗产进行全面摸底保护、传承开发，在深入挖掘文化内涵的基础上，开发文旅融合项目，实现大运河沿线文旅融合产业集群，转变运河沿线城市产业结构、实现产业升级，进而以文旅融合集群倒逼生态环境治理水平提升，最终实现运河沿线城市经济、文化、生态协同发展。

（四）河北大运河文化带是文化自信认同与传播的重要源泉

河北大运河文化带的首要功能就是打造特色鲜明的燕赵文化展示带，挖掘大运河深层次的内涵，弘扬其时代价值。通过河北大运河文化带的建设，相信既能够对内提高国民的文化认同水平，也能够对外讲好河北故事，增进文化自信。通过打造燕赵文化展示带，将燕赵大地上中华文明的源远流长和中华民族的勤劳智慧进行保护传承，有利于社会主义文化的繁荣发展，有利于文化自信的国际传播。从古至今，河北段大运河一直都是中外文明交流互鉴的前沿地带，也是沟通南北以及海内外各地区交融互动的桥梁，对国内外文明的发展均产生了深远影响。燕赵文化展示带，不仅限于对国内展示，还要加大国际传播力度，加强国际交流与互鉴，充分发挥大运河包容开放的特性，为新时代讲好中国故事，为展现全面、立体的中国提供重要依据。

第二章 河北大运河文化带的发展历程

在研究河北段大运河文化带的发展历程中,本书找准三个关键时间节点,分别为2014年申遗成功、2017年提出"大运河文化带概念"以及2019年颁布《大运河文化保护传承利用规划纲要》,这三件大事对河北大运河文化带发展影响深远。因此,在三个关键时间节点基础上,将河北大运河文化带发展历程分为四个时期,即萌芽时期、理论构想时期、理论实践时期以及全面实施时期,科学合理的历史分期将成为研究河北大运河文化带发展策略的基础。

一、大运河文化带萌芽时期(2000—2013)

(一)萌芽时期学术研究概况

对于大运河文化的研究,我国学者研究较晚,直到21世纪初才开始关注大运河文化的相关研究。这一时期的研究主要呈现三个方面的特征:一是研究范围相对集中,主要集中在对大运河文化遗产保护、运河古镇调研、运河文化旅游开发等方面,这些为未来大运河文化带理论的发展奠定了坚实的基础;二是研究地域相对集中,由于大运河江苏段、浙江段始终在通航利用,使得当地大运河的受关注程度较高,也使得这一时期大多数研究集中于江苏、浙江地区;三是河北大运河研究仍处于起步阶段,与其他地方大运河研究相比,仍稍显不足。

在大运河文化遗产保护上,束有春(2006)在论文《江苏省运河文化遗产保护与展望》中,对江苏省运河沿线的文物古迹维修、名城名镇规划、文物资源挖掘整理、非物质文化遗产保护等多方面进行了详尽介绍,并且强调要以"申遗"为动力,促进江苏省运河文化遗产保护水平的不断提高。

在运河古镇调研上,2007年《城市规划》杂志对京杭大运河上的古城专门进行了系列调研活动,分别对弯头、高邮、邵伯等国家历史文化名城进行了详尽的调研,重点对古镇运河水利遗迹、历史建筑等文化遗产保护情况进行了分析,并提出详尽的遗迹保护措施。

对于运河文化的旅游开发,刘怀玉等人(2009)《江苏运河文化产业发展阶段及其模式新探》一文,则将大运河上升为文化产业的高度进行论述,分析了江苏省运河文化产业的发展模式,并且分别对淮安、扬州、无锡的运河文化产业模式进行了阐释和分析,从而总结了江苏省运河文化产业的发展经验。

在河北大运河研究上,卢瑞芳(2005)《沧州境内的大运河》一文,从历史角度对沧州境内大运河进行了论述。刘大群(2009)《大运河线性文化遗产的旅游开发——以邢台运河旅游开发为例》一文,较早关注到河北大运河旅游资源开发,借助线性遗产保护理论对邢台运河资源进行了分析,并提出了较为可行的开发策略。河北省文物局张立方(2012)《逐波觅影大运河——河北运河申遗点保护和修缮工作全面启动》一文,对河北大运河申遗工作进行了较为系统性的介绍,并阐释了当前申遗点的保护及修缮工作的进展。张立方(2012)还在《河北画报》杂志发表了《大运河申遗:逝水流芳沧州梦》的专题文章,对沧州市申遗过程进行了详细介绍。吕芳(2013)《试论沧州运河文化的多样性》一文,对沧州具有代表性的武术文化、杂技文化、酒文化等进行了介绍,并就文化保护提出了自己的观点。这一时期,河北大运河的研究主要以文物遗产保护为主,在地域上也主要集中在沧州市。与江浙地区相比,河北大运河文化资源的开发仍处于起步阶段。

(二)萌芽时期河北大运河概况

河北既是全国大运河资源调查工作最早启动、最先完成的省份,也是比较早进行大运河遗产保护规划的省份,各项工作始终排

一、大运河文化带萌芽时期（2000—2013）

在全国前列。这一时期河北大运河的各项工作主要围绕申遗工作展开，以文化遗产保护为主。

2006年，河北省启动了大运河文化遗产调研工作，将高科技手段与实地勘测相结合，对河北大运河相关水系和文物资源分布情况进行了统计工作：共发现文化遗存325处，与运河有直接关系的120处，与运河间接相关的34处，分布在运河两岸的其他文化遗存171处。① 2009年4月，根据河北省文物局官网显示数据，初步核定了65处大运河（河北段）遗产点，并将遗产点分为A、B两类，其中A类45处、B类16处，并形成了《大运河遗产保护规划（河北段）遗产构成》报告。② 2019年，河北省文物局公布了《大运河（河北段）文化遗产名录》，名录包括北运河等32处大运河水利工程遗产、42处其他相关文化遗产，共计74处，进一步形成了大运河沿线文化遗产的动态调整机制。③

2012年，经国家文物局同意，《中国大运河河北段遗产保护规划》公布实施。规划明确规定了保护内容、区划以及等级等各方面的内容，强调以保护遗产的完整性和真实性为前提，恢复和保留原有文化的多元性。该规划实行时间为19年，即2012—2030年，共分为近期、中期、远期三个阶段。①近期（2012—2015）主要任务为完成大运河遗产保护规划以及编制工作；建立大运河遗产保护的协调机制，编制并公布《河北省大运河遗产保护办法》等。②中期（2016—2020）主要工作内容为制定大运河其他城镇段以及未纳入近期遗产点的保护措施并开展环境整治工作；搭建以及完

---

① 《河北大运河遗产保护将分"三步走"》，河北新闻网，http：//www.hebnews.cn，2012-08-28。
② 《大运河河北段核定65处遗产点》，河北文物局网站，http：//wenwu.hebei.gov.cn/staticPath/site001_html//20090422/000002.html，2009-04-22。
③ 《关于公布大运河（河北段）文化遗产名录的通知》，河北文物局网站，http：//wenwu.hebei.gov.cn/staticPath/site001_html/%E6%94%BF%E5%8A%A1%E5%85%AC%E5%BC%80%E7%9B%AE%E5%BD%95/20200104/000002.html，2020-01-04。

善大运河遗产信息平台等。③远期（2021—2030）实施内容为全方面完成遗产保护的各项工程以及非工程设施；全方位完成大运河遗产区域范围内的环境整治工作及生态保护工程等。

二、大运河文化带理论构想时期（2014—2016）

在2014年6月22日，大运河被正式列为"世界遗产"，成为我国第46个世界文化遗产项目。河北段大运河共有三处文化遗产添列其中，项目中包含连镇谢家坝、南运河沧州—衡水德州段、华家口险工这"两点一段"。

（一）理论构想时期学术研究概况

申遗成功后，大运河研究进入研究高峰时期，特别是在2014年达到了顶峰，而随着申遗落下帷幕，对于大运河的研究正式步入"后申遗"时代，2015年、2016年大运河相关研究逐渐趋于平缓。在这一时期学术研究呈现以下特征：

一是大运河文化遗产保护与开发并重。目前大运河的遗产保护工作仍然是后申遗时代的热点工作，申遗成功后，研究者也开始在保护的基础上，关注大运河遗产的开发利用。李倩、董记（2015）《后申遗时代淮安运河遗产保护与管理的思考》，从大运河的遗产保护工作角度出发，分析我国大运河成功申遗的意义，阐述淮安市在大运河申遗过程中所占据的重要地位以及价值，并提出了一系列淮安运河的科学保护以及管理对策。王晓（2016）《后申遗时代大运河（杭州段）遗产保护问题研究》中，将整体性保护作为目标，以保持大运河遗产的历史层积的"原真性"以及历史环境的"完整性"为前提，得出对于遗产进行保护应当顺应当下时代的变化、进行"活态保护"的结论。李麦产、王凌宇（2016）在《论线性文化遗产的价值及活化保护与利用》中提到，线性的文化遗产具有很强的串联兼并能力，可以把储存在不同地域、场合的各类文化遗产资源整合起来，进行综合保护及开发，从而整体提高文化遗产的保护和利用效能。

二、大运河文化带理论构想时期（2014—2016）

二是大运河文化带概念初现端倪。在后申遗时代，学者们对于大运河文化遗产的开发利用也不仅局限于微观层面，而是将其逐渐扩展到对大运河周边区域经济的带动上，大运河文化带、大运河经济带等概念已初现端倪。

在申遗成功当年8月，范周（2014）具有前瞻性地率先提出了"运河文化产业带"的概念，且初步对大运河文化产业带的内涵进行了界定。他认为："运河文化产业带，并不是简单的水务、园林等规划，而是围绕'运河文化'建设成一个水系特色明显的文化经济带，是一个综合工程，其核心目的是为了将运河文化内涵渗透到文化产业甚至一产、二产当中去，实现'运河文化有载体，产业运营有内涵'的运河文化开发模式，实现沿线城市与运河本身的共同发展。"① 随后，范建华（2015）的《带状发展："十三五"中国文化产业发展新趋势》在此基础上，提出"该产业带建设不能过于保守安于现状，要敢于'跳出运河文化看运河'，推动京杭大运河文化产业带的融合式、跨越式和超常规发展"。②

三是河北大运河研究逐渐成熟。2014年，京津冀的协同发展被提高到国家战略的层面，自此以后，河北大运河研究转向京津冀的协同发展视角下运河资源的保护、开发和利用。黄开晶（2016）《景观规划视角下运河文化的保护与发展》将廊坊香河作为示例，提出了建设京杭大运河文化景观带的构想，阐述了具体发展策略。许瑞生（2016）《线性遗产空间的再利用》谈及沿着京津冀大运河的线路，利用各遗产区的空间，串联非遗产区的传统河岸地域，建设包含京津冀大运河两侧的步行户外活动空间。

（二）理论构想时期河北省大运河概况

在后申遗时代，河北大运河发展进入新的阶段，各地在继续做

---

① 范周：《对大运河文化产业带建设的构想的思考》，《新华文化》，2014年8月5日。
② 范建华：《带状发展："十三五"中国文化产业发展新趋势》，《云南师范大学学报（哲学社会科学版）》2015年第3期。

好大运河文化遗产的保护工作的同时，开始注重对大运河文化资源的开发利用，取得了一定的成果。

大运河于 2014 年 6 月申遗成功，在国家旅游局的指导下，由浙江省旅游局、杭州市人民政府联合主办，与大运河沿线 18 个城市合作，建立了"京杭大运河城市旅游推广联盟"。在联盟成立大会上，这 18 个城市联合发表了《京杭大运河城市旅游推广联盟杭州共识》，并开始推广整体的旅游品牌。河北省沧州市、衡水市成为联盟首批成员。

沧州博物馆于 2014 年 6 月 11 日开办了《大运河北——河北省大运河文化展》专题展，展览的面积达 1700 多平方米，展示了运河沿线出土文物，运用多媒体、场景复原等形式，多角度、全方位地展示了河北段大运河文化遗产以及其他衍生文化。

2015 年沧州政府开展"大运河沧州市区段景观改造"工程，建设"文化旅游功能区"和"运河生态产业区"，从河道清淤、整治、景观桥、码头平台等入手，建设恢复沧州旧有的历史文化景观。该工程以水月禅林区、历史互动区、武术文化区等为主，除此之外，还有创意产业功能区，实现文化产业化。

2015 年廊坊政府在政府工作报告中提到，进行北三县的核心区域的建设及统筹发展，要快速推进功能承接、交通互联，将廊坊市融入"京津半小时生活圈"，把与通州对接"四路一河"作为重点。

2015 年 4 月，衡水、沧州、廊坊三市共同打造的京杭大运河河北旅游营销联盟在沧州正式成立，并且开发了四条京津冀运河旅游线路，辐射北京、天津以及石家庄附近区域。这一联盟的成立，增强了运河旅游产品辐射力，提高了其影响力，同时使得运河旅游产品的竞争力也得到了巨大的提升。

三、大运河文化带理论实践时期（2017—2018）

2017 年 2 月 24 日，习近平总书记在视察北京大运河森林公园

三、大运河文化带理论实践时期（2017—2018）

时强调，"保护大运河是运河沿线所有地区的共同责任"。① 5月26日，习近平总书记在中共中央办公厅调研室名为《打造展示中华文明的金名片——关于建设大运河文化带的若干思考》的报告中作出重要批示："大运河是祖先留给我们的宝贵遗产，是流动的文化，要统筹保护好、传承好、利用好。"习近平总书记的两次批示，为我们如何推进大运河文化带的发展建设指明了方向，成为拉开大运河文化带建设序幕的标志。

（一）理论实践时期学术研究概况

2017年习近平总书记的指示在学术界引起重大反响，掀起了大运河文化带研究的高潮。主要呈现出以下基本特征：

一是研究地域更加宽泛。与以往对江苏、浙江的运河文化研究较多所不同的是，2017年以后关于北京、山东等地的运河文化产业研究越来越多。李建平（2017）《"三个文化带"与北京文化中心建设的思考》指出，中国的大运河修建皆是一直往首都方向延伸，北京段运河向我们展现了大运河和首都的经济、文化、政治间的密切关联，所以"三个文化带"的建设内容也是北京全国文化中心高地的建设内容。徐奇志、王艳（2018）《大运河（山东段）文化遗产及其活态保护》认为，运河遗产的活态保护要立足于不失原真的基础上，积极找寻遗产活态保护的各种途径，并且保持不断创新的精神，好好利用与传承，使得大运河文化遗产"枯木逢春"。

二是研究实证性更加强化。2017年，中国传媒大学文化发展研究院院长范周先生组织了以"大运河文化行"为题的调研活动，历经10余天走遍大运河的主要城市，调查整理出了《"京杭大运河文化产业带"调研报告》，从概念内涵、主要特征及战略意义、现实状况、未来发展建议四个方面进行了详尽论述。此次学术活动是申遗成功后对京杭大运河较为全面的调研活动，取得了不俗的成

---

① 《习近平在北京考察：抓好城市规划建设 筹办好奥运会》，新华网，http：//www.xinhuanet.com//politics/2017-02-24/c_129495572.htm。

绩，并且成为大运河文化带理论构想的直接源头之一。

另外，作为专业研究运河文化的学术组织机构，聊城大学运河学研究院一直以来为运河文化的研究辛勤耕耘，由吴欣教授主持编撰的《中国大运河发展报告》，从大运河的文化遗产、学术文化、运河城镇等进行报告，总结当下发展现状，展望未来发展趋势，对大运河研究具有重要的学术价值。

三是研究内容以内涵研究为主。2017年习近平总书记对"大运河文化带"的两次指示，使其成为当年的学术热点词汇。对于大运河文化带概念的解读成为这一时期大运河理论研究的热点议题。谢光前在《论运河文化与中国道路》（2017）中，认为大运河是见证我国两千多年历史演进的重要道路，它的精神与文化也将滋养当代的中国文化。杨家毅（2017）在《浅析大运河（北京段）文化带的内涵》中，从时间、空间以及内容三个维度，对北京地区大运河文化带内涵进行了深入探讨。熊海峰（2017）在《大运河文化带的内涵解析与建设对策研究》中，对大运河文化带的内涵进行了探析，并且对运河文化带目前遇见的五大难题，提出了一系列具有针对性的解决方法。葛海雄（2018）在《大运河历史与大运河文化带建设刍议》中指出新时代的大运河文化带研究与建设应当遵循历史唯物论，解决好传承和创新的冲突、保护和开发的矛盾，对症下药，加强交流，相互借鉴以及综合研究。

四是河北大运河研究相对滞后。与京津、江浙、山东等地相比，河北大运河研究仍稍显不足，地域上仍主要集中在沧州地区。这一时期研究主要包括：吴秋丽、李倩《沧州运河文化旅游资源开发SWOT分析》（2018），采用SWOT分析法，分析沧州市的运河旅游开发现状，并总结出可行有效的建设建议以及措施。冯玫、段宏广《论利用语言产业推进运河文化带建设的策略》（2018），提出了运用语言产业来推进运河河北段文化带开发的策略，即大运河河北段，为大运河文化带河北段的经济社会不断发展提供了理论范本。

(二) 理论实践时期河北省大运河概况

在京津冀地区协同发展进入全方位推进实施阶段的背景下，北京和天津、河北的协同发展也步入快速通道，河北大运河发展也迎来了区域协同发展阶段。

河北、北京以及天津于2018年6月12、13日分别签署了《进一步加强京冀协同发展合作框架协议》和《进一步加强战略合作框架协议》。

2018年7月，为了使得落实推进框架协议的重点事项更加高效，河北省与北京市和天津市分别签署《落实京冀〈进一步加强京冀协同发展合作框架协议〉重点事项任务分解方案（2018—2020年）》《落实津冀〈进一步加强战略合作框架协议〉重点事项任务分解方案（2018—2020年）》。根据以上方案，京、津、冀三个地区将一同推进《京津冀大运河旅游观光带规划》的制定及推行，发掘运河的历史文化资源，调整合并旅游资源，进行大运河文化带保护，进一步落实运河沿线节点的开发和个性化产业的发展，建设大运河旅游"黄金走廊"。

另外，运河建设财政资金支持力度加大。2018年以来，河北省文化和旅游厅共同争取和安排国家级、省级文化和旅游财政补贴3.2亿余元，以支持大运河沿线实施现代公共文化和旅游服务体系、旅游业转型升级等项目建设。

四、大运河文化带全面实施时期（2019年至今）

2019年2月，中办、国办发布了《大运河文化保护传承利用规划纲要》，制定了运河文化遗产保护传承利用的路线图和时间表。该纲要的编制，解决了申遗以来中国大运河长期面临的问题，使其走出了困境；"三个好"的核心原则超越了以往的"非遗框架"，直接转化为该纲要中的"三个带"，即缤纷旅游带、绿色生态带、璀璨文化带，帮助新时代中国大运河文化带建设找准了完整的功能定位。

(一) 全面实施时期学术研究概况

《大运河文化保护传承利用规划纲要》的颁布，是大运河文化带全面实施的开端，这一时期的学术研究主要呈现以下特征：

一是研究视角更加多元。由于大运河研究学者的增多，学者们根据自身的知识和学科背景，从不同角度对大运河进行研究。孙久文、易淑昶（2019）的《大运河文化带建设与中国区域空间格局重塑》将中国的区域空间格局作为出发点，详尽阐释了大运河对沿岸地区经济社会发展的影响，认为大运河文化带具有巨大发展潜力，并指出文化带发展的三大任务，即文化遗产保护、生态廊道建设和新型文旅产业发展。李茂叶（2020）的《大运河文化传播路径探析——以江苏段运河文化为例》，从传播学视角对大运河文化带进行研究，提出利用不同传播路径，如以人际传播为基础的传统路径、以大众传播为主体的主要路径和以融合传播为趋势的创新路径，来优化大运河文化的传播效果。

二是研究方法更加规范。何淼、李惠芬（2020）在《大运河文化带（江苏段）的传播效能研究——基于搜索指数与文本分析》一文中，基于 Google Trends 的搜索指数、百度的搜索指数以及 ROST 文本进行分析发现，在传播热度上，大运河文化带（江苏段）呈现出热点事件影响度显著、关注热度区域差异显著、受关注度与旅游形象存在较强关联等特征；在传播效果上，呈现出感知内容集中、感知维度多元、情感体验积极等特征。

三是河北大运河研究步入黄金期。2019 年以后，河北大运河文化带研究迎来了高潮，无论是发文数量，还是发文质量，都呈现出历史最好水平。最为主要的是已经出现了一批河北大运河研究的阵地，例如《沧州师范学院学报》自 2019 年第 4 期开始，就开办了"大运河文化研究"专栏，从此变成河北大运河研究重镇。李晓晟（2019）在《京津冀协同推进大运河文化带建设的策略研究》中，从京津冀协同发展视角提出，应当加快南水北调东线的建设，大力发展新兴产业，同时不断完善相关法律法规，统一管理相关机构对文化遗迹的保护与利用。与此同时，还需加强与山东省的协同发展。吴秋丽、李杰（2020）在《河北省大运河文化带的内涵及建设路径》一文中提出，大运河文化带河北段的建设必须坚持政府主导、调动企业积极性、利用地方高校资源、发挥社会组织力量、重视媒体平台发酵、鼓励社会公众参与等多项措施并举，从而促进大运河文化带朝着正确的方向发展。石若琳、李阳（2020）在《大运河文化带河北段建设路径的提升对策》一文中，提出河北大运河文化带要增进对文化遗产的保护程度、各地文化开发利用的协同，建设区域内一体化旅游服务体系，形成灵动贯通的大运河文化带整体。

（二）全面实施时期河北省政策概况

2019年以来，河北省大运河构建起"1+6+1"省级规划体系，这标志着大运河河北段文化保护、传承与利用工程已进入全面开展阶段。

"1"指由河北省发改委带头，编撰《河北省大运河文化保护传承利用实施规划》，并在2020年1月由省委办公厅、省政府办公厅印发并实施。该规划明确了河北大运河文化带的建设方向、建设目标及当前任务，同时大力支持推进保护、传承以及利用工作。

"6"指结合河北省实际情况，在落实国家文化遗产保护和传承、文旅融合发展、生态环境保护及修复、河道水系治理和管护这4个专题规划的基础上，增设土地利用以及交通体系建设两个省级专项规划，由省直有关部门印发实施了6个专项规划及实施方案。主要包括：①河北省文化和旅游厅、省文物局联合编撰的《河北省大运河文化遗产保护传承规划》，为继续做好河北大运河沿线文物保护、非遗保护传承以及运河宣传推广等工作指明方向；②河北文化和旅游厅编撰的《河北省大运河文化和旅游融合发展规划》，为运河沿线公共文化和旅游服务体系建设、运河沿线高质量文旅产品打造提供指导；③河北省水利厅组织编撰的《河道水系治理管护专项规划》，全面厘清当前河北省境内运河水系主要河流的径流状况，立足于对河道旅游通航需水量和生态需水量进行分析测算，确定了2025年运河的河道水系建设和旅游通航的建设远景目标；

④河北交通运输厅组织编撰的《交通体系建设专项规划》;⑤河北生态环境厅组织编撰的《生态环境保护修复专项规划》;⑥河北省自然资源厅组织编撰的《土地利用专项规划》。以上6个专项规划及实施方案,已于2021年3月陆续发布。

"1"指由河北省发展改革委员会编撰完成的《河北省大运河整体景观和城市建筑风貌规划》,从省级层面对大运河沿线景观风貌塑造的指导性文件。

2021年4月,河北省政府专门召开新闻发布会,就河北省大运河"1+6+1"省级规划体系情况进行了介绍,指出"省委、省政府高度重视大运河文化保护传承利用工作……为落实省委、省政府工作部署,统筹推进我省大运河文化保护传承利用工作高起点规划、高标准建设,省发展改革委会同省文化和旅游厅、省自然资源厅、省生态环境厅、省水利厅、省交通运输厅、省文物局等共同编制了河北省大运河文化保护传承利用系列规划,并编制了配套实施方案,正式印发实施,标志着我省大运河文化保护传承利用工作已进入全面实施阶段"。①

---

① 《河北省大运河文化保护传承利用规划体系新闻发布会》,国务院新闻办公室网站,http://www.scio.gov.cn/xwfbh/gssxwfbh/xwfbh/hebei/Document/1702072/1702072.htm,2021年4月14日。

第三章 河北大运河文化带建设的现实困境

河北大运河文化带的建设涉及社会治理的方方面面，包括文化遗产保护、沿岸生态环境保护、交通运输发展、文化创意产业的开发、旅游开发、沿岸村镇的复兴发展等。这些待解决的问题具有涉及领域广泛、复杂的特点；将涉及沿线政府、企业、居民，以及社会组织等多元主体的利益，资金需求大，建设发展过程耗时长久，在实际的建设中面临着许多现实的问题和困境。本章将从河北省大运河水系、生态、文化遗产的治理和保护现状、政策法规、宏观规划、机制体制、传承传播等方面，对河北大运河文化带存在的全局性、系统性问题进行论述。

一、运河水系治理管护任务艰巨

运河因水而生，因水而起。水波动，文化才能兴，大运河沿线的水系治理与管护是大运河文化带建设的重中之重，也是基础性工作。

大运河的基础功能即运输，目前仍然有部分河段承担着水路运输的功能。当前，京杭大运河在河北、北京、天津、江苏、浙江5个省市内均存在连续的河道。其中黄河以南段的通航河段大约1050千米，船舶的平均载重量高达800吨，每年货运量能达到5亿吨。大运河还具有水利功能，其核心的水利灌溉与防洪功能随着社会发展与时代的变迁始终发挥着作用，是暴雨季节一道有力的防洪屏障。因此，运河水系的治理与管护是大运河主体的基础性保护工作。未来运河沿线的旅游发展也需要依托于运河风貌的恢复和部分河段通航功能的实现，包括大运河沿线的垃圾清理、桥涵摸底、拆临拆违、河道清淤等工作，还包括提防加固、拦河和穿堤建筑物除险加固、堤顶道路硬化、险工治理等工程。运河水系的管理与保护不是一日就可以完成的，需要进行长时间的前期论证，逐步改善河道的通水条件，最终以科学的方法让大运河在历史上所连通的水系与河道逐步恢复，根据实际情况一步一步地使部分大运河实体得到复原，不能急于求成，不然既不现实，也会耗费巨大的财力物力。

河北位于华北平原，农业发达，大部分地区深受地表径流减少、水污染以及水位下降等各种问题的困扰，导致运河水部分流域长期处于低水位，甚至出现多年断流的现象。各城市对此问题也采取了不同的措施，例如衡水市采取最大限度引入外来水的措施，让地下水"休养生息"，让地表径流恢复活力。京杭大运河衡水段较长，单在故城县域内就有75.1千米，故城县积极引卫运河、黄河、岳城水库水，使得境内的运河水重新涨起来。但是还有很多地区的运河水面临水源不足的困境，制约着大运河的保护和利用。沧州市是河北省内运河流经的主要城市，在2020年10月出台《沧州市大运河文化带规划建设实施方案》，制定了19个专项任务。我们发现，当前主城区段全部以及城区以外符合条件的河道清淤的基础工作仍未完成，主干道全线有水仍未实现。水系的治理和管护仍然任重道远。当然，在这个过程中，我们也要坚定保护自然、尊重自然、顺应自然的理念，完成好运河河道水系的治理以及生态空间管控任务。

二、生态保护及治理未能与经济发展实现协调统一

河北大运河文化带建设是文化工程，也是生态工程；其主体和周边的生态环境既是其价值的重要构成因素，又是运河文化带赖以存在的基础和条件。运河的一大功能就是生态调节功能，运河沿线的湖泊和绿地可以有效调节流经地区的生态环境，尤其是当运河流经城市，配合沿岸绿化，可以作为城市"绿肺"，成为城市的绿色

二、生态保护及治理未能与经济发展实现协调统一

景观和市民的休闲娱乐空间。但是当前工业化、城镇化快速推进所造成的运河水质污染等环境问题日益凸显,严重影响了大运河作为世界文化遗产的宝贵形象,也不符合沿线民众对于幸福生活的向往与追求,必须以极大的决心和投入加强大运河及其沿线的生态保护和环境治理。

为此,河北省境内运河沿线的各城市采取了整治措施。为了实现将运河还给人民的目标,沧州市系统开展了生态修复全覆盖、垃圾清理、河道清淤等一系列工程,其中,在运河生态修复展示区建设中的总投资就超过2000万元。沧州市沿河道设置了1千米宽的绿美长廊,累计造林达33.8万亩。在此期间,在保护地形地貌和地区性树木的情况下,在运河清淤工作后所形成的土方基础上建造按比例缩小的地形,从而形成了视野开阔的绿化空间。

廊坊市编制了《廊坊市水污染防治工作实施方案》和《廊坊市重点河流水质达标方案》,两个方案均提到要做好防治水污染的顶层设计;将全市的180条河渠纳入河长制管理,并且设立市、县、乡、村四级河长共3220人,明确了责任人、治理任务、治理标准、完成时限。该市还制定了史上最严的《廊坊市河流断面水质生态补偿管理办法》,对河流断面建设制定了严格的奖惩制度,并对河渠垃圾废弃物、非法排污、违建违章、黑臭水体、非法采砂等方面问题开展了多次排查,河渠环境得到了显著改善。廊坊市与北京市、天津市同步,共同对北运河进行治理,取得了显著的成效。除此之外,北运河香河段的生态综合整治项目也正在紧张建设当中。

河北省内大运河生态环境保护的状况仍不理想,虽然沿线各市均采取了一系列的措施,但是运河沿线生态保护和环境治理的工作仍然任重道远:它涉及协调经济发展与生态建设,涉及沿线农业产业的布局调整,关乎民生与经济发展,因此简单处理不能科学布局沿线产业发展,生态治理等的问题也就不能得到根本的解决,大运河的修复工作应与周边区域的经济发展寻求有机统一。目前河北省生态治理的顶层设计不够到位,尚未建立起完善的大运河生态环境保护修复管理体制,在打破行政区划的界限和壁垒,实现区域统

筹、部门统筹和资源统筹方面仍有许多工作；大运河存在诸多复杂性的环境问题，在生态保护中面临着关键技术的困境，还未建成共生共荣的协同发展机制，社会各界的积极性没有被广泛地调动起来。

三、运河沿线文化遗产的保护工作力度与深度不足

大运河沿线分布的文化遗产分为两类，即物质文化遗产以及非物质文化遗产。河北段大运河文化遗产分布体量大，形式多样且复杂，所包含的文化价值也很高。河北省一直致力于大运河沿线文化遗产的挖掘、传承、保护和利用，并且取得了一定的成效。河北省也一直积极、深入地挖掘运河的文化内涵，不断增大对运河的研究与保护力度。据不完全统计，目前已对32处水工遗产点段和42处相关历史文化遗产分级分类建立文化遗产名录，并进行数字化信息采集，纳入河北省文物数字化信息平台动态管理和监测；完成非遗全面普查，建立健全国家、省、市、县四级非遗名录和档案，建成吴桥杂技大世界、孟村八极拳、沧县狮舞等132个非遗传习所，并进行非物质文化遗产传承人学习培训工作，培养了王习三、王保合等63位运河沿线国家级代表性传承人。[1]

现在，《河北省大运河文化保护传承利用实施规划》已经编撰完成，邯郸段、邢台段和大清河文物资源调查工作已经启动，并将对大清河流域、隋唐运河继续进行考古调查，进行相关设施、河道、堤防等遗址考古。后续将进一步对大运河（河北段）文化带文物考古保护进行强化。河北与山东文物局已经就南运河沧州—衡水—德州段遗产区域的保护工作形成了省际部门会商机制。今后，二者将充分利用各种现代化技术，采集河北段运河以及相关遗存的信息数据，建设完备的信息化数字化数据库，并且纳入河北文物数字化平台。同时，致力于建立健全文物保护以及河道管护长效机

---

[1] 李秋云、范海刚、魏建业：《大运河活了、靓了》，《中国文化报》，2020年10月23日。

制。当前，河北段大运河许多非物质文化遗产项目正在积极实施创新性开发、生产性保护。衡水通过"漕运印象、记住乡愁、农耕记忆、码头名人、非遗表演"等一系列活动，深入挖掘运河的民俗文化、漕运文化；邯郸制作了邯郸运河"文化地图"，建立了邯郸运河信息"电子档案"，并仔细、全面地调查了 141.8 千米的河道文化遗产，梳理出大运河的历史概况以及成语典故、沿线文物遗存、非诗词歌赋、物质文化遗产、名村名镇等，编撰了《邯郸大运河》资料汇编。

但仍存在诸多不容忽视的问题。如物质文化遗产保护方面，沿线文化遗产整体考古勘探工作仍未完成，对于沿线重要城镇遗址遗迹的研究性考古发掘还未开启，关系到文物保护修缮工作的开展，文物普查和建档工程有待于进一步推进。随着技术的发展，尤其是 5G 技术，未来对于文物的保护应步入数字化、智能化、智慧化的阶段，全天候实时监控物质文化遗产的保存状况，这些都需要提早布局，加强顶层设计。现今，非遗的传承遇到许多难以解决的问题。许多非遗传承人，如民间社火、传统技艺、传统戏剧的项目传承人普遍年龄偏大，传承活动没有长效的传播机制，依赖于传统的口传心授，加之这些文化遗产大多工艺复杂、学习周期漫长，经济收益不稳定，面临着后继无人的状况。许多非遗文化远离现代生活，难以与现代人的日常需求相互融合，缺乏内生的发展动机。相关研究大多注重于浅表的文本研究，对于非遗文化的活态传承特性和规律的探索还较为不足。许多非遗保护项目在产业化发展上仍然有很长的路要走，意识不强，理念相对来说比较保守，手段落后，发掘的深度和开发的力度还差得很远。未能解决的各种问题制约着运河沿线文化遗产的保护工作，需要在发展中保护，在保护中发展，给河北段大运河的非物质文化遗产注入全新的生命力。

四、政策法规尚不健全且约束力薄弱

从国家层面来看，2019 年 2 月，《大运河文化保护传承利用规划纲要》发布，要求根据当地的实际情况严格执行落实。7 月 24

日，习近平主持召开中央全面深化改革委员会会议，会议审议通过了《长城、大运河、长征国家文化公园建设方案》。这两个文件是指导运河沿线省市进行大运河文化带建设的总体纲领，各省则应将2012年8月14日文化部令第54号《大运河遗产保护管理办法》作为大运河文化建设法律依据。另外，根据《中华人民共和国文物保护法》制定的当前存在的《中华人民共和国航道管理条例》《世界遗产公约》《中华人民共和国水法》《中华人民共和国文物保护法》等也对运河文化带建设中的问题起到了约束作用。

河北省确立了大运河文化带建设联席会议制度，并将大运河文化带的发展纳入《河北省文化产业发展"十四五"规划》。与京、津携手编制《京津冀大运河旅游观光带规划》，科学规划流域内旅游事业发展，并推动实现大运河京津冀段的观光性通航。此外，河北省积极加强顶层设计，各部门编制出台了一系列关于大运河文化保护与建设的规划文件，对河北省大运河的保护与建设具有很强的指导意义（见表3-1）。

表3-1 河北省编制的关于指导大运河文化带建设的相关文件

时间	名称	颁布部门	主要内容
2012年	《中国大运河河北段遗产保护规划》	经国家文物局同意 由河北省政府批准实施	期限为19年，即2012—2030年，分为近、中、远3期。对每一时期大运河保护工作的具体任务进行了规定
2019年	《河北省大运河文化保护传承利用实施规划》	河北省人民政府审议中，尚未公开发布	深入贯彻落实习近平总书记指示批示，明晰河北大运河文化的保护、传承与利用的指导思想和工作目标，以及具体的保障落实举措
2020年	《河北省大运河文化遗产保护传承规划》	河北省文化和旅游厅组织编制	为继续做好河北省大运河沿线文物保护、非遗的传承与保护、运河宣传推介等方面工作提供指导

续表

时间	名称	颁布部门	主要内容
2020年	《河北省大运河文化和旅游融合发展规划》	河北省文化和旅游厅组织编制	打造高质量的运河沿线文旅产品,指导建设公共文化和旅游服务体系
2020年	《河道水系治理管护专项规划》	河北省水利厅组织编制	全面厘清河北省境内运河水系主要河道当前状况,在对河道的旅游通航需水量和生态需水量分析与测算的基础上,制定当前至2025年运河河道的水系建设与旅游通航的规划目标

河北省大运河流经城市也出台了相关的政策法规以指导规范本区域内大运河的工作。2020年10月份沧州市出台了《沧州市大运河文化带规划建设实施方案》,提出要切实搞好顶层设计、文化遗产保护传承、河道水系治理管护、生态环境保护修复、城乡区域统筹协调、文化旅游融合发展6类19个专项任务。廊坊市编撰了《北运河旅游通航实施规划》,并且已经投入实施;衡水市规划的《衡水市大运河文化保护传承利用规划实施方案(征求意见稿)》也已完成;邯郸市起草完成《邯郸市大运河文物保护实施方案》,《邯郸市大运河文化遗产保护传承专项规划》也正在编制中;雄安新区已编制完成《雄安新区大运河文化保护传承利用实施方案》以及《雄安新区大运河文物保护传承利用实施规划》。

从总体上看,河北关于文化带建设总体规划已经涉及文化遗产保护、水利、旅游开发等多个方面,为河北省大运河文化带的建设提供了有力的保障。但大运河蜿蜒曲折,具有跨地区、跨行业管理以及线性活态的特点,现存的政策法规仍存在一系列问题。从横向来看,大运河除了受一般文物法律保护外,还受到《中华人民共和国水法》等法律法规的保护。作为世界遗产,大运河保护还要遵循《世界遗产公约》和《操作指南》,以及多种法律法规的交叉管理。从目前来看，大运河文化带建设在统一的立法方面有所缺乏，法律法规还很难包含运河保护传承与利用面对的复杂问题，使得大运河在具体的管理活动中可能会出现法律依据混乱的局面。在今后的工作中，我们应当继续深入整合国土、交通、水利、文物、建设、环保等不同领域以及利益相关者。从纵向来看，从国家到省、市、县到各个行业，然后到具体的遗产点，从上至下，多级管理特性，也使得运河的文化遗产保护出现了难题。不同城市和不同运河遗产点面临的现实情况也不同，需要依据本地情况和具体问题，在统一法律法规的统摄下，各地方出台本流域内的具体法律法规。目前河北省各市出台的文件多以规划和保护办法为主，对于指导大运河未来的建设与发展具有重要意义。但是，现存的管理办法涉及的行政层级比较低，法律约束力不够，执行效率不高。

五、多头治理条块分割易产生保护及利用矛盾

从横向来看，运河的文化带建设涉及部门众多，包括文物旅游、国土、交通、水利、环保部门；从纵向看来，国家、省、市、县多头治理条块分割的现状，很容易在保护及利用方面产生矛盾。

大运河文化带建设是一项巨大的系统工程。单就文物和水利部门来说，与普通文物不同之处在于，大运河仍然具有重要的水利功能以及持续发展的需求，且它所蕴含的水利科技文明和历史底蕴使其有了更加重要的意义。这就使得水利部门和文物保护部门从自身的职能与责任出发，在大运河的功能定位、基本要求和处置原则上出现了分歧。落实到实际实施的方面，行政审批归口不同，审批程序、主体和相关建设具体技术要求不一致，所以使得运河的保护工作困难重重。

在生态治理工作上，大运河是流动的活态的，行政区划的界限和壁垒严重影响着生态治理工作中的区域统筹、部门统筹和资源统筹，各地区的治理标准和进度不统一，会相互制约，从而影响省内运河生态治理的整体进度；而且大运河存在诸多复杂性的环境问题，在生态保护中面临着关键技术的困境，需要沿线政府统筹资源

共同攻克技术难关,建立成本共担、利益共享的协同生态治理机制,但是各区域间尚未建立此类协同生态治理机制。

在城市形象传播方面,也需要沿线城市进行协同式传播。历史、地理、民俗、文化等最为贴近的城市群以及相邻的沿运城市可以合作组建运河旅游开发协作体,协作开发区域性文化旅游,通过相互协调、合作、打造区域性旅游品牌。例如淮安、宿迁、徐州通过旅游协同合作推出汉文化之旅,"打包"推出以徐州刘邦故里游、宿迁项羽故里游、淮安韩信故里游为主要特色的"汉文化"之旅,能够对并未整合的旅游资源进行整体性规划,同时又可以在协商中寻求差异化发展策略。① 如果各城市各自为政,将不可避免地造成旅游资源开发的同质化问题,形成恶性竞争局面。

上述几个方面,仅仅是多头治理、条块分割的几点弊端,现实中的影响更广更深。因此,大运河文化带的顺利推进需要构建大运河文化带的命运与利益的共同体,打破行政区划的界限,区域之间向着共融、共生迈进。

六、公共参与机制不完备,缺乏多元主体合作平台

大运河文化带建设包含生态环境保护修复、文化遗产保护、文游融合发展、河道水系治理等多个方面的工作,任务繁重,资金需求量巨大。目前来看,大运河文化带的规划与建设工作主要是由政府财政进行支持,这确保了运河文化带建设中的政府主导作用,但也面临着现实困难。因为,政府财政能够提供的资金数额还难以支持大运河文化带长期的保护与开发工作。

在组织机制上,普遍缺乏公众参与的渠道。2019 年 6 月 30 日,沧州大运河建设发展有限公司正式挂牌成立,该公司作为市政府指定的出资单位,其主要职能包括:和社会资本对接,棚改专项债申请,棚户区改造,地产管理与开发;主城区土地增值收益中用

---

① 柳邦坤:《京杭大运河流域城市形象传播问题研究》,《现代传播》2014 年第 10 期。

于大运河城市区提升改造工程部分的管理和运用、运河产业基金的运作管理以及自有资金的增值运作；主城区段大运河两岸核心监控区范围内与大运河文化带建设相关的基础设施和公共服务设施的建设、运营管理，以及生态修复、改造和提升。这也是运河开发过程中寻求社会资助，多主体参与运河开发的有益探索。

完善大运河文化带建设公共参与机制，可以有效缓解目前以政府为资金投入单一主体的现实困难，引进战略投资方，拓展融资缺乏渠道，形成多渠道多元化资金筹措的措施。建议在完善大运河相关的法律法规过程中，切实保证人民群众对大运河文化带建设的知情权、监督权、受益权和参与权，支持和鼓励社会力量加入大运河的文化带建设，建立形成大运河文物保护员制度以及志愿者工作机制，激发群众的主体积极性，在参与中凝聚民众共识，加深民众与大运河的情感联结。从长远来看，创建多元主体的合作平台，需要创新大运河文化带的合作政策、合作机制、合作组织等内容，促进文化带命运与利益共同体的形成，发挥区域协同发展的模范作用。从组织方面来看，应当由运河沿线的政府主导，与市场主体及社会机构进行联合，组织构建"大运河文化带发展建设联盟"，促成多方的通力合作；从机制方面来说，要进一步确立沿线城市遗产保护联合行动机制，加快大运河文化带信息沟通制度、评估考核制度、联席会议制度等的建立；从政策方面来看，运河沿线城市可以合作出资建立大运河文化带发展基金，在中央财政的支持下，共同打造大运河文化非遗展会、大运河主题影视作品或演出等。

七、文化内涵挖掘不足，开发同质化问题严重

现如今，首先，从整体上看，河北大运河资源的开发利用水平较低，最突出的问题就是对其文化内涵发掘不够深入，这也使得许多项目显得简单粗放，存在形象展示不充分的问题。目前运河非物质文化遗产项目都以一年一度的节事活动为主，项目出现频率较低，传播的效果也不是很好。比如，2018年6月9—13日，由京津冀三方联合主办的"流动的文化——大运河文化带非遗大展暨

第四届京津冀非遗联展"在北京全国农业展览馆顺利开展,展示了包括河北省在内的大运河沿线8省市和大运河文化相关的具有独特地域文化的非物质文化遗产典型、代表性项目58项,近400件(组)作品。展览内容丰富,但是群众参与程度还有待提升,尤其对于普通民众来说,难以亲身参与。而且运河文化展多以简单的陈列展示、现场展演为主,对运河文化的独特文化基因与精神内核提炼不够。

2020年9月24日,北京市文化和旅游局、河北省文化和旅游厅、天津市文化和旅游局以及沧州市政府联合主办的"匠心华韵 运河传承流动的文化——大运河非遗大展暨第六届京津冀非遗联展"在沧州大运河生态修复展示区正式展出,该活动把传统的展馆搬到大运河的生态修复展示区,活动内容与场地紧密结合,对于本区域的民众来说具有更加便利的参展途径和更好的参展体验。文化内涵的发掘是以大运河历史文化发展脉络的梳理作为基础的,而对运河文化的精神内核进行深入研究,也不是简单的遗产的展示与宣传,需要提炼出文化符号,进行文化价值的创新性转化。

其次,大运河开发同质化现象普遍,品牌效应有待进一步挖掘。对以运河作为"IP"而开发的周边产品与服务的开发程度不够,尤其是缺乏对于虚拟价值与形态的挖掘。在全国范围来看,大运河沿线城市中的带状旅游资源的历史功能基本相似甚至相同,都以水利文化、漕运文化、商事文化、船舶文化、名人传说、非遗技艺为主。除此之外,所开发的旅游产品也趋于同化,如许多地方正在建设的各类运河博物馆项目等。河北省等待开发的旅游产品主要以历史文化遗迹与水上游览沿线观光为主,很多运河小镇盲目进行仿古建筑的建设,但后期运营不够,产品的开发缺少地域性独特,民俗风情、历史文化等资源有待进一步整合。

八、沿线城市形象传播不高效,传播方式未能实现创新性变革

首先,运河沿线城市经济实力、知名度和影响力强弱差距较

大。河北省内运河流经五市一区城市经济综合实力、知名度和影响力在运河沿岸属于一般水平，这是不争的事实，因此要根据自身情况进行有针对性的传播。不能一味地加强对外传播，河北省运河的传播普遍存在内向传播力度不足的问题。因此，应该大力发展文化产业，深挖区域内的历史文化资源，在运河文化项目的建设中真正地将运河工程与民生工程结合起来，建设成为人民群众能够看得到、摸得着，能够参与进去的运河景观；需要匠心独运、巧思设计，注重方法与策略，整合城市历史文化资源，凸显城市个性，建设运河沿岸的特色城市。

大运河的建设需要全民参与，大运河的传播也不例外。目前大运河文化的传播仍然是以政府为主导进行媒体宣传，离人人能讲好"运河故事"还有很远的距离。文化如果不能服务于人民，不与人民的生活贴近，就会使文化理念如空中楼阁，不能唤起人民的文化自豪感，也不能激发人民深层的文化自信。因此，创新全民参与机制对于大运河的文化传播十分重要，可以充分借助多种方式与民众进行互动。例如，文化展中多增加互动体验式活动，民众来讲述自己祖辈的运河故事，既能挖掘整理运河文化的民间内涵，又能进一步加强关于运河的集体记忆。

其次，关于运河文化的传播方式未能实现创新性的变革。目前，运河文化传播仍然以文化遗产展览、运河博物馆等常规形式为主。我们应当避免重复建设地域非遗博物馆，为了建设而建设，导致博物馆内容空洞，难以发挥实效。大运河文化的媒介传播创新也存在一些问题，表现为不能充分地利用新的传播媒介，仍然以报刊、文献书籍、纪录片等传统媒介形式为主，短视频、虚拟体验等新媒介形式少之又少，传播媒介较为单一，导致对于大运河文化传播载体的认知不够清晰明确，大运河文化既有形象的认知度较低。

在现实传播中，可以将运河遗存的媒介与虚拟媒介相结合，展开运河内在蕴含、承载的文化信息，尤其是运用现有的以运河遗址为代表的媒介，使运河之精神、内涵与文化能够更加深入人心。可以创新性地采取露天博物馆的方式，既可以对原生态的文化进行保护，又不需要高额的造价。如可对现有的历史文化资源进行整合，

八、沿线城市形象传播不高效,传播方式未能实现创新性变革

梳理运河沿线的特色农事活动和非遗技艺,在限定时间、场地和表演规范的条件下,将上述资源变成露天博物馆展示的"展品"。尤其是在运河流经的广大农村区域,可以采用"地景艺术"模式,从景观艺术的视野出发。开阔的农田不仅是农业设施和农业资源,更是景观艺术的载体、场地、实现形式和文化资源。通过农田、稻草的造景方式,将当地历史文化积淀通过另外一个维度和形式去表现,不仅可以保留、传播文化,同时也可以在相对广阔的空间背景下产生震撼视觉的景观艺术,增强当地运河文化品牌的表现力和旅游产业的吸引力。与此同时,利用数字技术搜集、整理形成具有创新性的运河文化资料,对其进行虚拟化、信息化、数字化处理,利用虚拟媒介技术 VR、AR 等将运河文化的展示功能和传播功能充分发挥出来。

第四章 统筹协同：京津冀视野下的大运河文化带发展

2014年是不平凡的一年，世界文化遗产大会宣布中国大运河项目成功入选，同年国家正式提出了京津冀协同发展的国家战略。大运河文化带发展是以带状地理空间为载体的线廊性功能区域，这就需要区域内各方的协同发展，助力大运河文化带的可持续发展。在对京津冀大运河文化带空间布局、时间历程研究基础上，仍然存在缺乏统领性规划、生态环境仍需修复、文化内涵挖掘不到位、文化开发利用不均衡等发展困境，本章有针对性地从顶层设计、保护好、传承好、利用好四个角度提出了具体对策。

一、京津冀大运河文化带发展现状

（一）京津冀大运河空间布局

1. 北京：大运河的北起点

大运河北京段横跨6区：昌平、海淀、西城、东城、朝阳、通州，全长82千米。沿线文物类型丰富，具有等级高、分布密集、时代跨度长等特点，这些文物不但是连接明清北京城和西北部园林的重要纽带，更是古代中国连接南方、北方的大动脉。其中什刹海、南新仓等处更是被列为全国重点文物保护单位。在整个大运河世界遗产项目中，北京有5处河道和世界文化遗产点，分别为：通惠河通州段以及什刹海、通惠河北京旧城段、通惠河通州段以及西城区澄清上闸、西城区澄清中闸。其中，三教庙、燃灯佛舍利塔等古建筑，高闸桥、白浮泉、古河道等水利工程遗产，紫竹院、积水潭等古典园林是运河文化带的保护重点。

2017年，北京市委书记蔡奇在大运河文化带调研时，着重指出传承保护好大运河文化带，是中华儿女传承保护文明的大事。北京作为首都，责无旁贷，应当作出表率。《北京市大运河文化保护传承利用五年行动计划（2018年—2022年）》和《北京市大运河文化保护传承利用实施规划》于2019年12月5日正式发布，且拟定了以时间为线的"三阶段"发展目标。到2025年，大运河文化带周边的环境得到治理，生态环境、水系水质得到有效改善，这使得滨水的空间可达性、趣味性有明显的提升；至2035年，大运河文化遗产得到系统性、整体性的保护，滨河文化生态廊道全面建成。美丽运河、魅力运河、多彩运河、协同运河也将在2050年全面建成。与此同时，北京也开始建设以大运河北京段为轴线，以重点游船通航河道和全线滨河绿道为两道，并结合运河生态景观区、运河文化展示区和疏解整治提升区，形成"一河、两道、三区"发展格局。①

大运河在通州境内的流经里程为42千米。通州命名的由来也与大运河相关，即取自"漕运通济"的意思。自大运河修通以来，通州就是北京东部的交通要道。通州位于北京城的东大门，上万艘船只每年在运河码头装卸，形成了著名的通州八景之一"万船骈集"。目前，通州古城核心区保护在有序推进，《通州区"三庙一塔"景区及周边区域规划方案》（初稿）已拟定，张家湾古镇、古城核心区、桥闸码头保护等工作已启动；燃灯佛舍利塔也得到修复，晾鹰台、通运桥等文物修缮工作也已启动；路县故城考古遗址公园建设也在有序进行，编制遗址博物馆需求意向书的工作也已开展；大运河的沿线标识系统在持续统一中，通过公开招标的方式确定了这一项目的承办单位。

---

① 《擦亮金名片：八省市如何谋划大运河文化带？》，腾讯网，http://news.qq.com/rain/a/20211122AO1EU600，2020-11-22。

2. 天津：因运河而生的城市

天津这个城市的形成得益于隋朝大运河的开通。唐朝中期以后，天津成为连接南方绸缎、粮食北运的重要码头。自金代起，天津运河的修复使得南方粮食经永济渠到达直沽的三岔口河，再转运至中都，天津此时称为直沽寨。元朝时在直沽设立了海津镇，南方粮船可经大沽口到达三岔河后再运至元大都，成为当时的漕粮转运中心。明朝以后，筑城设天津卫，这也是天津城市初具规模的开始。纵观历史，天津真正是因大运河而兴的城市。

大运河天津段的流域长度达71千米，涵盖975公顷遗产区。自武清区筐儿港减河与北运河连接处至三岔河口狮子林桥为北运河区域，长48千米；自三岔河口狮子林桥至西青区杨柳青镇镇区为南运河区域，长23千米。南、北运河的汇合处正是南、北运河天津段的三岔口，这是大运河天津段的重要节点，也是天津唯一被列入《世界文化遗产名录》的遗产项目。

2019年，天津市出台《天津市大运河文化保护传承利用实施规划》，同时还建立起了大运河文化遗产及周边环境风貌保护管控清单，以文化、旅游结合发展为导向，整合天津市大运河的沿线资源，加强对文物遗产的修缮保护和展示利用，构建享誉中国的北方运河特色旅游带。

2020年4月，在进一步推动天津大运河文化带发展的过程中，天津市人民政府办公厅成立"天津市大运河文化保护传承利用暨长城、大运河国家文化公园建设领导小组"，助力天津市大运河文化传承保护工作和长城、大运河国家文化公园建设。

3. 河北：大运河燕赵文化高地

2020年4月，河北省大运河"1+6+1"省级规划体系已基本建立，即"1个实施规划，6个专项规划和1个景观风貌规划"，这也标志着河北省大运河文化保护、传承、利用工作已全面展开。河北省坚持以人民为中心，坚定以文化为引领，不搞大开发，着力治理管护河道水系；着力保护和修复生态环境；着力推进文化产业和旅游产业的融合发展;着力统筹城乡区域协调发展;着力创新传承、保护、利用机制;着力落实文化遗产保护传承工作,加快形成"一轴、两廊、五区、多集群"的河北省大运河文化带总体发展格局。①

大运河在河北境内,流经邢台、邯郸、衡水、廊坊、沧州等市,这些地区也因运河发展受惠良多,也由此开启了"大运河文化"聚焦发展模式。主要包括:①廊坊市香河县。大运河流经京津冀段总长超过120千米,其中北京通州区、天津武清区和廊坊香河县是重要的水运通道和经济发展的命脉。这三地先后签署了《推进通武廊战略合作发展框架协议》;三地旅游部门达成联盟,签订了《通武廊旅游合作联盟框架协议》。通过整修堤岸、治理河道、改善水体,三地政府摸索出大运河京、津、冀段的旅游性通航。②沧州市市区。沧州市为推动大运河文化带发展,专门成立了工作组,加强对涉及大运河沧州段地域特色非物质文化遗产的挖掘和保护,并启动了"运河生态文化带"一期工程,按照"一河、两岸、五园、六景"的设计,严格遵循生态发展现状、因地制宜等原则,着力打造四季分明、景色独特的古运河景观。作为一期工程的先期试验区,南陈屯乡大赵庄南队村已经完成了搬迁工作,施工方将要进场开始施工。③位于沧州市东光县连镇、南运河东岸的谢家坝,被人们称为"糯米大坝",这个地区所采用的糯米浆拌灰土这一中国建筑中的古老工艺,曾经被列入《世界遗产名录》。东光县为将大运河打造成振兴发展的经济带、文化带、生态带和旅游带,在大运河东侧宽度3000米的范围之内修建了绿色廊道,集生态观光、休闲采摘、绿化美化于一体。④衡水市景县。大运河景县段全长73.2千米,它南接德州,北入衡水阜城。该县将重点放在被列为《世界遗产名录》的华家口夯土险工、文化旅游点运河古村白草洼和大运河景县段沿线;诚聘知名的设计公司进行高起点的

---

① 《河北省政府新闻办"河北省大运河文化保护传承利用规划体系"新闻发布会文字实录》,长城网,http://heb.hebei.com.cn/system/2021/04/14/100644320.shtml,2021年4月14日。

规划,依据"运河古渡口、美丽新乡村"的主题,高标准改造运河古村白草洼,目前白草洼村运河文化展馆正在加紧建设中。⑤衡水市故城县。衡水市故城县为传承并利用好大运河文化,将工作重点放在古迹修复、综合规划、文物保护、生态建设、景区开发等方面,为打造衡水县域全新的名片,深入细致地挖掘运河文化,推进运河文化带建设,主动作为,寻找能够彰显故城内涵的文化名人、历史故事、古遗址等。目前这一工作正在有序进行,成果甚多,已经发现的文化遗址有11处,另有17位历史文化名人和9件历史故事。⑥邯郸市大名县。大名县史称"北京大名府",是历代郡、州、府、路、道治所所在地,素有"北门锁钥""河朔重镇"之称。运河在大名县境内流经两段,分别为卫河大名段(全长45.4千米)、永济渠旧址大名段(全长25千米)。大名县依据《大名县大运河文化带建设实施方案》,专门成立了小组,想借京津冀协同发展和中原经济区崛起的良好契机,以文化旅游为核心,以全域旅游为方向,以健康养老和乡村休闲为两翼,打造集温泉度假、健康运动、文化体验、生态观光、休闲农业等多种功能为一体的大运河文化旅游观光地。⑦邢台市清河县。邢台运河段文物遗迹丰富,尤以清河县数量最多,这在邢台的古歌谣中有所反映:"运河古渡数临清(临西、清河)。"经过近些年的探寻,从清河渡口驿到油坊段就发现七处古遗址,包括古村落遗址、大运河寺庙遗址、沉船遗址、古驿站等。正是这些古遗址,使两岸居民的生活面貌以及民风民俗得以完整保存。

(二) 京津冀大运河文化带发展历程

京津冀大运河文化带协同发展的历程,主要分为两个重要节点。一是2014年,大运河成功入选世界文化遗产,京津冀协同发展的战略也被正式提出,这对京津冀大运河文化带的发展具有标志性意义。二是2017年,在习近平总书记对大运河作出两次重要的批示之后,大运河文化带的概念也被正式提出,随之京津冀大运河文化带协同发展开始推进。

第一,申遗时期京津冀大运河发展状况(2006—2013)。这一时期，京津冀各地的合作已经初步展开，合作范围大多限于对文化遗产区域间的保护合作。

目前，河北各地缺乏对运河的经济发展效益和社会文化品牌的认知，政府缺乏对运河的保护和开发，并未服务现实，也未制定一系列为民造福的举措。因此与其他五省市相比，依然存在着很大的差距。河北各市政协委员联合呼吁与附近北京、天津、山东三省协调沟通，在条件允许的情况下，输水运河，治理污染，以期恢复京杭大运河的元气；此外，还希望投入人力物力挖掘河北段全线的运河文化，努力把运河文化传承发展下去。

2010年11月18日，天津举办了"综合治理北运河、推进京津冀合作"发展论坛会议。水利部、北京市、天津市、河北省的相关负责同志以及一些知名的水利专家代表参加了此次会议，北京通州、天津北辰与武清、河北廊坊四市区代表共同签订了《北运河开发建设合作框架协议》，协议指出要统筹兼顾，既要防患于未然，将北运河防洪排涝功能发挥出来，又要为北运河可持续发展注入内涵和活力，注重北运河文化带、景观带、经济带的打造。但是，从协议到具体落实到行动上尚需努力。①

第二，后申遗时期京津冀大运河发展状况（2014—2016）。这一时期，大运河申遗成功后，受申遗目标框架主要聚焦于文化遗产保护的局限性，与大运河相关的发展"热"开始趋于缓和。京津冀协同发展也主要集中于交通建设、环境治理等方面，在大运河层面的合作仍未步入正轨。

"运河记忆"非物质文化遗产宣传展于2015年6月举行，这次会议是首次由京、津、冀三地联合举办。来自河北省、北京市和天津市等京杭大运河流经区域的40余个非遗项目和上千件非遗精品集体亮相，展示了大运河厚重的非物质文化遗产积淀。该项目通过不同形式的集中展示，极大地提升了全社会对非物质文化遗产的认知水平和保护意识，为三地携手进行运河沿岸非物质文化遗产的

---

① 向淑君、周艳敏：《京津冀运河文化资源的协同开发与利用》，《廊坊师范学院学报（社会科学版）》2015年第6期。

宣传、保护与传承提供了良好的开端。①

第三，正式实施时期京津冀大运河发展状况（2017年至今）。随着大运河文化带的正式提出，为京津冀协同发展提供了一个新的增长极，京津冀各地间大运河相关合作日益增多，逐渐成为京津冀协同发展不可或缺的组成部分。

2017年，《京津冀大运河旅游观光带规划》由天津市文化和旅游局引领，联合北京市和河北省的文化、旅游管理部门共同编制。该文件经过对北京通州过天津至河北吴桥这一带大运河周边的资源进行了系统整理分析，提出构建大运河北段运河旅游廊道，并以大运河为载体系统展示运河特色文化资源，以促进文化和旅游融合，为京津冀旅游一体化的进一步发展提供强有力的保障。

北运河流域京津冀协同发展工作专题座谈会于2017年6月召开，会上提出加大力度治理和管护北运河流域。北运河也在京津冀协同发展战略的不断推进中恢复了昔日的影子。

第四届京津冀协同发展研讨会于2017年12月举行，该会由北京、天津、河北三个地区的社会科学界联合举办。会上不仅一致通过了《京津冀社科联推进大运河文化带建设协同方案》，而且签署了《携手推进大运河文化保护传承利用倡议书》，协同机制将由三家扩大到大运河沿线八省市社科联，使沿线八省市共享合作大机制、大平台。

2018年3月，八省市网信办齐聚北京（包括北京、天津、河北、山东、河南、江苏、安徽、浙江），共同协商建立八省市大运河文化带协同联动机制建设，《携手共建"指尖上的大运河文化带"》这一倡议得以提出。

2020年11月，河北廊坊市、北京通州区、天津武清区共同签署了《"通武廊"运河文化保护传承利用交流合作机制》，将文化和旅游业协同发展作为重点任务，将发力点放在以下几个方面：提升"通武廊"三地文旅产业的发展水平；保护"通武廊"运河文

---

① 向淑君、周艳敏：《京津冀运河文化资源的协同开发与利用》，《廊坊师范学院学报（社会科学版）》2015年第6期。

化旅游带；打造特色京津冀文化旅游名片，争取实现京津冀文化和旅游高效协同高质量发展。

"通武廊"三地文化和旅游部门还联合发布《北运河文化旅游创新发展·廊坊宣言》，成立"通武廊"文化和旅游合作联盟，围绕文化和旅游协同发展重点任务，共同打造出以大运河为主题的京津冀特色文化旅游名片。北运河香河段是京津冀段大运河的重要分节点，它上接北京通州，下连天津武清，已于2021年6月实现与北京同步旅游通航。

二、京津冀大运河文化带发展所面临的困境

2021年是"十四五"规划的开局之年，同时也是京津冀协同发展的第七年。不可否认，京津冀大运河文化带的发展已经取得了显著的成绩，但其存在的不足仍限制着大运河文化带的长足发展。

（一）京津冀大运河文化带缺乏统领性规划

大运河流经京津冀地区的北京、天津、沧州、衡水、邢台、廊坊6个城市和雄安新区，集防洪、排涝、旅游等功能于一体；但是京津冀运河段目前缺乏统一的机构进行整体性的协调，管理大运河河段的任务仍分散在文物、水利、旅游、航道等部门，因为存在着不同行政区域所划的界限，所以在水利系统也存在区域性水资源和流域机构行政主管部门的区别。近年来，在京津冀协同发展国家战略大背景下，出台了《北运河开发建设合作框架协议》《保护京杭大运河倡议书》《"通武廊"运河文化保护传承利用交流合作机制》《京津冀大运河旅游观光带规划》等，京津冀各地在大运河文化带发展上进行了不同层次、不同形式的合作。虽然京津冀各地在大运河生态修复、水利合作、文物保护、旅游开发等方面签署了众多合作框架、协议书、倡议书等，但是缺乏统一管理机构来进行规划协调，造成京津冀大运河文化带协同发展进度缓慢、效率低下。

(二) 京津冀大运河文化带生态环境仍需修复

由于京津冀区域内水资源匮乏,自20世纪六七十年代起,京津冀大运河段几乎处于断水状态,这造成生态退化、生物多样性低下,部分河段成了垃圾坑,两岸文物古迹周围生态环境恶劣。大运河京津冀段存在缺乏稳定水源的问题,因其缺少实体依托,导致推进大运河文化带建设乏力。维系运河通航的必备条件是进行远距离调水。南水北调工程的东线水源充沛,但南水北调东线供水难点在于水质问题。现阶段,京津冀各地政府对大运河重点河道进行了疏浚、修复,但是由于大运河长度较长,各地政府财政实力有差距,仍然存在一些河道废弃、干涸,且遭到工业废水、生活污水污染的现象,运河沿线的自然生态环境治理任重道远。与此同时,京津冀大运河沿线景点缺乏统一规划,景区不连贯、交通运输不通畅,京津冀大运河沿线风景名胜区难以连续。值得注意的是,各地为解决上述问题,出台相关文件政策,如河北省为了指导沿河各市县景观和建筑风貌规划设计,在全国首创编制了《河北省大运河整体景观和建筑风貌规划》。

(三) 京津冀对大运河文化内涵挖掘不到位

目前,对于大运河文化的传承开发,仍停留在遗产保护的层面,缺乏对大运河遗产背后所蕴含的历史文化知识的解读,对京津冀共同文化基因的挖掘不够,对外讲述、展示京津冀运河故事水平不高。大运河文化具有活态性特征,已断航50多年,随着航运功能的丧失,与大运河相关联的历史记忆、文化记忆、生活习惯、民俗文化等也都逐渐淡化甚至消失。这从客观上制约了京津冀大运河文化带内涵的挖掘。与此同时,还要注重文化遗产保护与文化内涵挖掘的内在联系。大运河文化带建设要在历史文化资源开发的同时,适当地保持历史建筑的居住和商用功能,因为大运河文化带居民与旅游者的互动、文化产品的开发、风俗习惯的继承,都是大运河文化带建设的一部分。①

(四) 京津冀地区对大运河文化开发利用不均衡

部分地区在未充分论证和文化发掘的前提下，想趁"申遗成功"的契机，片面发展当地的旅游业，利用土木资源制造一些伪古迹。这些仿古建筑雷同且相互之间同质化竞争很严重，不仅使得资源没有被充分利用，还破坏了运河的原貌。现阶段京津冀三地大运河文化带发展还存在各自为政、同质化竞争严重的问题，造成政府之间重复建设和内耗竞争，不利于区域内形成上下游分工协作的完整产业价值链。京津冀大运河文化带建设，关键就在于协同，只有相互协助才能实现共同的目标，由于京津冀各地经济发展水平存在客观差距，这就需要各地根据自身特点错位发展，对京津冀大运河文化带进行统一规划，各地政府要摒弃"各扫门前雪"的固化思维，坚持大局意识，立足自身实际，引导各地错位发展，对京津冀大运河文化带进行空间产业再造，促进区域间大运河文化开发均衡发展。

三、京津冀大运河文化带发展策略

注重顶层设计是京津冀大运河文化带建设的第一要义。切实解决协同发展机制问题，在此基础上从保护、传承和利用三个方面实现协同发展。

(一) 制定好大运河规划：构建区域协同发展机制

首先，做好京津冀大运河文化带的顶层设计。京津冀三地要在《北京市大运河文化保护传承利用实施规划》《天津市大运河文化保护传承利用实施规划》《河北省大运河文化保护传承利用实施规划》以及《京津冀旅游一体化协同发展规划》等已有文件的基础

---

① 李晓晟：《京津冀协同推进大运河文化带建设的策略研究》，《衡水学院学报》2019 年第 4 期。

上，共同拟定完善的《京津冀大运河文化保护传承利用实施规划》，力求在文化内涵挖掘与积极传承、遗产保护与生态环境、文化旅游产业融合与发展等方面进行统一规划，以期做好传承、保护和利用工作，确立京津冀大运河文化带的目标、方向和任务。同时，京津冀协同发展战略实施后，京津冀三地已经建立了共同的工作机构和工作机制，京津冀段大运河文化带建设应当借助已有协同发展机制，建立京津冀大运河协同发展联席会议，常设办事机构，主要负责大运河文化带的统一规划、统一协调、统一管理。

其次，雄安新区作为京津冀协同发展的关键，区位优势明显，大运河文化带建设需要积极对接雄安新区的建设，并建立与雄安新区的有效衔接。一是与雄安新区的文化衔接。雄安处于京津文化与燕赵文化交融汇通之地，充分发挥大运河文化带融汇交流、连线织网的重要功能，雄安新区将成为京津冀文化交融的重要枢纽。二是与雄安新区的生态衔接。白洋淀面积366平方千米，是华北地区最大的淡水湿地系统，被誉为"华北明珠"，对大运河京津冀段的生态修复具有举足轻重的作用。依据《白洋淀生态环境治理和保护规划》（2018—2035年），在白洋淀的治理保护中也将重点实施流域治理这一国际上已经成熟的经验，同时也充分重视白洋淀环境治理与大运河生态修复间的综合治理和生态衔接。

（二）打造京津冀遗产廊道：保护运河遗产

如前所述，遗产廊道概念源于美国，它是保护历史文化遗产的一种措施，是以绿色通道和遗产保护区域为基础而成长起来的一种特殊的保护遗产的方法，是融合了线性遗产保护措施并集美学、生态和旅游为一体的线性开放空间。遗产廊道的打造，需要在文化遗产保护和生态环境治理两个方面下功夫：

首先，将运河遗产保护智能大数据平台建立起来。这项任务要由国家文物部门引导，利用大数据系统对大运河所流经的8个省市的物质文化遗产以及非物质文化遗产进行分类整理和数字化的存储、转化，除对现有的文物遗产的数据进行整理外，还应对大数据库中相关文物之间的关系进行挖掘。在深度学习智能算法的过程中，不仅要了解过去文物遗产的相关数据，而且也要准确预测时间、环境、气候等变化并及时采取保护措施。其次，加强区域运河生态环境治理机制。强化京津冀区域地方政府、环境保护部门、文物部门的联合执法，将环境整治、河道清理等先行工程做好。在生态环境治理的基础上，优先解决大运河通水复航工作，尝试利用海水引入等方式实现河北大运河部分河段通航。

（三）传承好大运河文化：讲好大运河"京津冀故事"

大运河是一项伟大的水利工程，凝结着古代劳动人民的智慧和汗水。它的价值不仅体现在带动了沿线的经济发展，而且是展示丰厚文化底蕴的历史文化长廊。传承文化遗产，让其继续焕发出生机和活力是文化遗产保护的第一要义，因此当下让大运河焕发出生机和活力是大运河文化建设的首要课题。

首先，创新运河文化资源创作生产方式。运河文化资源不仅包括运河河段工程遗址、沿岸的古迹古镇，更为重要的是对运河非物质文化遗产的传承与再创作。河北可重点关注沧州漕运文化、衡水商贸文化、邯郸古都文化等，对沧州武术、吴桥杂技、衡水内画、邯郸成语故事、廊坊京东大鼓、邢台广宗太平道乐等非物质文化遗产进行精品创作生产；北京可将重点放在颐和园古都文化、什刹海—玉河京味文化、白浮泉水元文化、通州古城漕运文化、万寿寺古都文化、通惠河沿线创意文化、城市副中心大运河文化等；而天津地区则应将重点放在非物质文化遗产上，例如泥人张彩塑、刻砖刘砖雕艺术、杨柳青木版年画、风筝魏风筝等。京津冀各地要加大对原创文化的扶持，积极利用现代数字科技，对运河文化资源进行多种形式的再创作。

其次，打造运河文化价值宣传展示平台。一是建设一批运河文化展示平台，在运河文化遗址的基础上，建设一批具有漕运、水运特色和地方文化特点的文化展示馆、博物馆和遗址公园。二是建设数字化传播平台。积极采用模型复原、三维场景展示等技术，对大运河场景进行数字化还原，借助新媒体、融媒体对外进行传播。同时，积极将文化价值宣传展示与旅游项目结合，将中华优秀传统文化传承基因嵌入大运河文旅项目开发，充实文旅项目内容、打造新景点。

（四）构建大运河文旅融合产业集群 整合利用大运河文化资源

区域经济"点轴开发理论"指出，经济中心总是先从少数条件较好的区位开始，然后逐渐发展为繁荣的发展轴线，并呈斑点状分布。合理利用大运河的资源，需要紧抓文旅融合产业集群，选择重点河段、重点城市、重点企业和重点项目作为区域产业集群"龙头"，实施聚焦战略，以点带线、以线带面，推动大运河区域文化产业的整体崛起。

首先，打造文旅融合发展综合体。根据区域经济的"点轴开发理论"，在经济条件较好的区域优先发展，形成经济的中心，才能以点带面，最终形成带状发展区。因此，在大运河文化带打造过程中，要在河北（沧州、衡水、廊坊）、北京（通州）、天津（武清）等重点区域优先发展，发展一批文化融合发展综合体，以文化为内核、旅游项目为载体，融合进特色小镇、动漫影视等时代元素，形成区域内文旅融合产业集群，让其成为拉动河北大运河文化带的引擎。

其次，区域公共文化服务建设也不应忽视。要增强人民群众的获得感，在合理利用开发大运河文化资源的基础上，用产业反哺公共文化事业，推进大运河区域城乡居民的公共文化服务体系建设，利用大运河文化遗产保护和生态环境治理的契机，充分发挥大运河文化在满足人民群众日益增长的美好生活需要方面的需求，正确引导大运河流域内城乡居民的文化消费观念，针对居民多元化的文化消费需求，及时总结并改善经验模式，充分挖掘大运河流域的文化消费潜力。

第五章　保护传承利用：河北大运河文化带的未来"流向"

　　大运河文化是流动的、活态的，是仍然在使用的文化遗产，对河北省大运河文化的保护应建设好河北省大运河文化保护的遗产廊道。我国大运河文化具有深厚的历史基因，在运河两岸的城市中有无数耳熟能详的故事，对河北省运河文化的传承，离不开对两岸大运河文化故事的传播。从河北省大运河周边文旅资源来看，具有丰富的文旅资源却存在转换利用和经济效益较低的特征，因此，要构建河北省大运河文旅资源协同创新体系，从各区域之间大运河文旅资源开发主体联动发展，利用好河北省各类资源统筹协调大运河文化和旅游资源，大力推动河北省大运河文旅项目建设，形成河北省大运河文化的品牌标识，从而反哺河北省大运河文化的保护和传承。

　　促进京津冀协同发展是国家重要的战略决策，京津冀地区拥有着丰富的线性文化遗产资源，独特的地理位置、频繁的多方交流与文化更迭使得京津冀地区现存的文化遗产展示了高度集中性与复杂性的特点。目前，京津冀区域文化遗产形成了"一轴两带四廊多点"的空间结构。京津冀区域文化遗产具有一定的整体性，内部却也存在差异性。① 在京津冀线性文化遗产分布的基础上，结合遗产景观与线性文化遗产的相关概念，对京津冀遗产景观体系构建的多类型、多层次特点构建线性遗产景观网络体系，对京津冀遗产廊道的构建具有重要作用。京津冀遗产廊道以京津冀区域的线性文化

---

① 张一、张春彦：《京津冀线性文化遗产景观——以太行东麓遗产带为例》，《中国园林》2018第10期。

遗产为依托，推动京津冀经济、生态、产业、交通综合开发，加强京津冀地区的规划和协同，推进京津冀一体化的重要举措。

一、搭建好大运河文化保护平台：梳理大运河文化遗产内涵

习近平总书记从传承中华文化、增强文化自信的战略高度对大运河文化带做出明确批示：大运河是祖先留给我们的宝贵遗产，是流动的文化，要统筹保护好、传承好、利用好。千百年来，由于时间的积淀、地域的差异，生活在大运河流域人们的实践和城镇的兴衰，上至空间环境，下至衣食住行，每一处河道、堤坝，每一项民俗、礼仪，这些形成了大运河内容丰富多彩的独特区域文化。运河中关于物质实体的水利航运工程和物质文化、民族精神文化的蕴涵，是历代地理、自然生态、经济、社会、科技、文化信息的独特载体，具有稳定性、延续保存性、继承性和传承更新性等特征。当今，却面临着遗产保护压力大、运用质量低下、环境破坏严重、利益协调机制有待加强等问题。

（一）河北大运河周边文化遗产

河北段大运河上连京津、下接鲁豫，分别属于隋唐大运河、京杭大运河这两大支系，文化遗产分布广泛、名目繁多，具有独特的北方特色，具有极高的文化价值。尤其是南运河、卫运河、卫河等有比较完整的河道、堤防以及马厂炮台、泊头清真寺、捷地闸、御碑苑、郑口码头、油坊码头、大名古漕河码头等一批重要的文物遗址、水利枢纽和众多的非物质文化遗产。[①]

为了进一步研究和保护大运河，发掘其深厚的文化内涵，河北省展开了对运河非物质文化遗产资源的调查，收获颇丰，根据2019年河北省文物局公布的结果显示，在32处大运河水利工程遗

---

① 孙宝明、陈相林：《运河之都——中国运河之都运河文化高层论坛论文集》，山东人民出版社2007年版，第1~10页。

产中,有9处为国家级文保单位,县级文保单位1处;在42处其他相关文化遗址中,国家级文保单位10处,省级文保单位11处,县级文保单位5处。在时间上,主要以明代到民国期间为主;在地域上,主要分布在临西、大名、香河、沧州等地区。①

(二) 河北段大运河文化遗产的活化保护

河北段大运河拥有悠久的历史和极为丰富的文化遗产资源,河北段大运河文化遗产的保护是大运河文化遗产保护中的重要一环。在对大运河文化的传承与保护过程中,我们既要以不破坏遗产真实性和完整性为基础,充分挖掘和利用遗产所蕴含的文化内涵及文化元素,又要通过特定的方式、技术和载体将遗产自身的活力及文化价值充分释放出来,推动大运河文化遗产的动态传承和可持续发展。这就要求对大运河文化遗产进行活化保护。其中,大运河文化遗产活化保护不但是传统意义的保护与传承,而且更重要的是用活化方式对大运河文化蕴含其中的物质及精神的价值进行解码、诠释、继承和重构。② 河北段大运河文化遗产的活化保护,不仅能促进大运河传统文化转型创新,使得大运河文化在当代生活依旧持有巨大的魅力,而且也将使大运河文化融入我们的生活之中,焕发出新的生命力。

河北段大运河文化的活化保护是以博物馆为核心,逐步建立起来的文化保护和传播体系。隋唐大运河博物馆、聊城中国运河文化博物馆、河北省沧州博物馆等为推动大运河文化遗产的保护和传播交流,开展了一系列的主题活动,并形成了独具特色的区域性运河

---

① 《大运河(河北段)文化遗产名录》,河北省文物局网站,http://wenwu.hebei.gov.cn/eportal/cms/tag/download.do?fileName=20191219%E5%A4%A7%E8%BF%90%E6%B2%B3%EF%BC%88%E6%B2%B3%E5%8C%97%E6%AE%B5%EF%BC%89%E6%96%87%E5%8C%96%E9%81%97%E4%BA%A7%E5%90%8D%E5%BD%95.pdf&newName=o_1e3mcuvr84ol13gt4lq13db1im2a.pdf&siteID=site001,2019年12月,第1~3页。

② 林凇:《植入、融合与统一:文化遗产活化中的价值选择》,《华中科技大学学报(社会科学版)》2017年第2期。

文化旅游项目。依托运河文化遗产项目和生态旅游资源,是展现河北段大运河文化和城市特色的重要手段之一。

然而,受到年份和其他原因的影响,河北省境内大运河的不少河段已经失去原有的通航作用。河北省各地级市对大运河文化的保护仍处于初级阶段,单纯地通过筹备建设运河文化博物馆,大运河文化保护模式太过单一,缺乏传播和传承力度,河北段大运河文化背后的"文化故事性"和潜在价值的挖掘不够。对运河文化的保护缺乏创新,对运河文化的深层解读不够,没有起到活化保护的作用。

(三)京津冀协同发展视域下大运河文化遗产廊道建设

从资源分布的范围来看,线性文化遗产存在跨越距离较长、规模宏大、涉及利益主体过多等特点。要达到对大运河文化遗产的活化运用,应从"遗产廊道"的视角去规划河北省沿河城市的经济文化建设和旅游发展,通过大运河丰富的历史文化资源来促进不同区域间的文化交流,形成多元化、多层次的多业态融合创新,从而使河北省大运河文化带开启加速进程,展示燕赵文化。

1. 京津冀协同视域下的河北段大运河文化遗产廊道

当前,京津冀地区的文化遗产已经形成了"一轴两带四廊多点"的空间结构,"两带"以太行山东麓为主轴,横向指"长城遗产带",纵向指"大运河遗产带"。京津冀三地地理相邻,气候相似,运河促进了京津冀的文化相融发展,协同推进运河文化带的建设,不仅能够提升三地的知名度、美誉度,而且还能推进文化交流与融合,打造京津冀经济增长极,推进京津冀地区大运河文化遗产廊道的联合发展。

因此,河北省作为京津冀协同发展的重要省份之一,理应将大运河文化保护与京津冀协同发展联系,通过京津冀段大运河遗产廊道,加快将河北省大运河文化遗产培养成运河文化传播、引导的先行者。在京津冀段运河中,河北段南北跨度更长,更应该把握文化遗产优势,实现沿运河城镇为主的文化遗产传承与保护,并且关注生态环境状况，进而推动文化产业的发展，打造优势产品；再逐步推广至京津，建立京津冀段统一管理机构，利用交通旅游等项目设施贯通大运河景观，结合资源深度开发大运河文化，加强京津冀地区的规划和协同，贯通大运河一线的京津冀遗产廊道。

2. 河北段大运河文化遗产廊道的构建

河北省大运河文化遗产保护建设，要从文旅融合的角度出发，建立大运河周边社会发展的总体规划和大运河遗产激活长期保护机制，提高基本服务设施建设。

（1）大运河文化遗产智能化发展。利用数字化技术对遗产资源进行分类、整理、转化和保存。目前，大运河文化遗产的保护还停留在开掘文物的阶段，依托智能化技术手段，不仅可以更加便捷、系统地整理遗产资源，还可以时刻记录文物遗产在不同环境、时间、气候中的数据变化，以便对文物进行更加适时恰当的保护。另外，在文化传播方面，内容分发和内容生产都可以依托数字技术，打造适合于不同用户的文化内容，实现精准传播；利用VR/AR技术，还原文化遗产的真实场景，让用户直观感受河北省大运河"九曲十八弯"技艺和原生态河道全貌，还可以将沧州武术杂技、邢台水浒故事、邯郸广府太极等进行艺术再现，增强用户的体验感和参与感，让游客在虚拟与现实的交错之间感受大运河的沧桑历史，打造具有"智慧"的运河博物馆。

（2）立足遗产保护，展示燕赵文化。加强对大运河各方面的综合治理。首先，在大运河遭到破坏的河段进行治理，建立相关政策，以防止部分地区出现保护遗产意识淡薄、生态环境破坏等情况的发生，依法建设和保护河北省的运河遗产文化。其次，对运河的文化遗产进行整理和登记。河北省运河文化遗产年代久远，文化遗存价值较高，但部分遗产没有得到发掘，需要对其进行全面考古和梳理统计。最后，以大运河文化遗产保护为前提，展现燕赵文化。河北省人文资源丰富，大运河的形成和发展就发生了很多有趣、有内涵的历史故事，如纪晓岚借书、清朝皇帝巡游等，这些都是大运河璀璨文化的体现。这些历史故事，可以通过展示平台、博物馆中的情景剧来表现，也可以收集整理成册以供翻阅，通过这样不同的展示形式，用百姓喜闻乐见的方式传播运河文化。在此基础上，还要促进运河的对外传播，把握住与国际运河城市交流合作的机会，展示河北省非物质文化遗产，提高对外话语权，促进文化传播的同时学习国外运河保护开发的优秀经验，推进大运河国际文化的交流与合作。

另外，大运河沿岸的古镇、村庄都是文化带建设的核心要素。加强文化遗产保护，提炼运河文化价值，就要从这些村镇入手，借助生态环境优势和文化内涵，促进融合发展。如雄安段大运河规划，要紧抓雄安新区开展大清河通水通航工作和沿岸文化考古挖掘，建设大清河生态文化走廊；邯郸可把握古城密集这一优势，统筹优化整合大名、广府等古城资源，打造独具特色的邯郸大运河文化。

（3）合理保护资源，加强区域联动。首先河北段大运河遇到的突出问题是水源问题，大运河的传承保护一定要把补充水源作为重点，利用不同水系河流，为河北大运河输送水源。此外，开展大运河河道水源勘察工作，控制地下水的开采。还要推动京津冀大运河联动发展，协同治理水污染。其次，开发大运河文化旅游线路，共同发掘文化资源。如在北运河香河段尝试建立京津冀大运河文化带建设试验区，承接北京非首都功能的疏解，把北运河建设成全国大运河文化产业发展示范基地。另外注意与山东、河南地区的联动，这两地是河北省大运河主要水源地，应在环境治理、资源分配、河道划分方面建立相关统筹政策，在各级部门的调动下共同发展。

（4）发挥廊道作用，保护好运河文化。注重沿河城镇的物质和非物质文化遗产的发掘，比如沧州的六合拳、吴桥杂技、河间皮影戏，衡水的法帖拓印、老白干传统酿造技艺，廊坊的秸秆扎刻技艺、评剧、口技等，如今很多非物质文化遗产存在保护不够、传承方式单一等问题，但也有很多非遗项目通过一些 IP 剧、小众文化重新回到大众视野，比如南京绒花、苏绣。河北省可以将非遗项目融入旅游中，发展文化旅游，增加非遗文化体验项目、遗址参观项目,并且在运河沿线打造"文化长廊",作为文化遗产的展示平台,结合运河博物馆,展示运河的历史进程,弥补博物馆展示零散、缺乏整体性展示的缺陷。

通过发挥大运河文化遗产廊道的联动作用,可以整合不同区域大运河旅游资源,形成传统景区与待开发景区的融合。在此过程中应注意对自然遗产资源的保护以及和周围村镇的融合发展,从居民的情感和生活方式出发,使各类非物质文化遗产原生态的生长空间得以充分保留;与当地农业、工业、教育、文化等各方面进行融合,打造运河文化区,比如大运河生态湿地、大运河国家文化公园、大运河非物质文化活化区等,建设开发文创产品,推动建设"旅游+";通过系列活动打造运河文化品牌,比如衡水开展"记住乡愁,农耕记忆,漕运印象,非遗表演,码头名人"等相关主题活动,设计品牌形象,促进传播。

二、传承好大运河文化:讲好大运河"河北故事"

我国极为重视运河的修筑和保护,作为我国古代交通运输的重要渠道,运河不仅在政治、经济、文化上把都城和各个区域都联系起来,而且推进了运河沿线城市的经济发展和文化交流,促进了区域经济文化交流和城乡繁荣。大运河文化是通过运河经济的繁荣所带来的运河城市的兴起,基于不同文化背景的参与所形成的物质和非物质文化遗产及思想领域的合成。① 进一步讲,大运河文化带的传承与保护既不能简单地归纳为世界文化遗产保护,也不能理解为运河沿岸生态文明建设,对区域性大运河文化的传承而言,最重要的一点就是通过"讲故事"的方式,传承好大运河文化,使受众更多地了解大运河文化的历史内涵,从而加强对运河文化的传承性。

---

① 姜师立:《中国大运河文化的内涵、特征及分类研究》,《中国名城》2019年第2期。

(一) 河北段大运河的文化传承

我国大运河具有深厚的历史基因,大运河的修建历史走过了两千多年的长路。咸丰五年(1855),"黄河北徙"作为直接原因影响了中国运河的兴衰,但这并不是根本原因。运河和黄河的矛盾从没有消逝,黄河与京杭大运河因两者的突出地位而与生俱有的矛盾则是更加明显的。元代,会通河和通惠河开通,连通了京杭大运河。明代洪武二十四年(1391),会通河淤塞。明永乐九年(1411),成祖皇帝朱棣命工部尚书宋礼率领民工16.5万人疏浚会通河。历史上不断上演着"治黄"与"治运"。

中国古代最伟大的工程之一便是大运河建设,大运河作为南北交通连接的大动脉,在距离上属世界最长,在规模上属世界最大。其历史底蕴丰厚,承载着厚重的历史感,是在华夏大地之上的伟大工程。河北段大运河流经河北境内五市一区,成为璀璨的燕赵文化汇集带,同时要发展成原真生态景观带、多彩全域旅游带和协同发展示范带。河北省"大运河文化产业带"的建设,使各地区之间相互联动,发挥地域文化资源优势,打造河北省大运河文化遗产传承的新名片。

沧州市围绕打造大运河文化创意产业聚集区,规划建设运河特色文化街区,构建大运河绿色长廊,申请国家级生态文化保护示范区。廊坊市依托京杭大运河香河段和香河第一城开展乡村旅游规划,实现运河文化游、生态观光游和美丽乡村游的有机结合。衡水市通过一些主题活动,展现运河漕运文化和民俗文化。邯郸市绘制了市运河"文化地图",建立了市运河信息"电子档案"。邢台市恢复明清时期油坊码头,贝州古镇项目和运河水镇项目相继展开。

2019年12月,大运河文化保护、传承与发展上升到国家战略高度,标志着大运河文化带发展进入新时代。河北省也在积极筹建河北省大运河文化保护、传承措施,水清岸绿景美、底蕴深厚成为河北大运河文化发展的目标。在遗产保护和发扬层面,深度挖掘地域特色,以燕赵文化聚集带为核心,"文化+旅游"的模式让历史底蕴中的运河文化绽放光芒。

河北在大运河文化传承中,首先要对运河文化周边进行详尽的梳理,对文化古迹、文化遗迹、非物质文化遗产进行清点和落实、发掘和保护。其次,保持还原运河文化的真实性、完整性。实事求是、因地制宜地利用好发挥好地区特色,积极发展文化旅游、影视基地、养生健身、节庆会展、民俗体验等特色文化产业,培育"美丽河北·运河风韵"系列品牌,对运河文化遗产实施生产性保护、创新性发展。

(二) 河北段大运河文化的"故事性"

党的十八大以来,习近平多次指示"增强对外话语的创造力、感召力、公信力,讲好中国故事,传播好中国声音"。① 党的十九大进一步强调,要"推进国际传播能力建设,讲好中国故事,展现真实、立体、全面的中国"。② 在讲好中国故事当中,故事性传播技巧必不可少。对故事概念进行梳理发现,它有三个明显特征。其一,故事是一个听者从未体验过的新世界。其二,故事是关于感觉的,是主观的。其三,故事=变化+因果+刺激。深谙故事概念内涵,把握三点特征,才可以讲好故事。在一个故事当中常常从头至尾贯穿一种主线感情,读者会因共情进行自我代入、想象以及自我思考。可以将其称为中心思想、故事主题、文章寓意、主人公的目的、作者意图。从核心上看,它是一种贯穿全文的感情,也就是故事的风骨、精气神、文风。故事性传播技巧是在把握故事核心内涵的基础上进行实际操作的一种手段、一种方法。河北段大运河文化的"故事性"要在历史底蕴和现实条件的双重作用下,建构完整故事,讲好文化故事。

首先,我国大运河的历史自身便充满了故事性。根据现存历史记载,大运河在春秋时期就开始修建,隋代慢慢形成,唐宋发展起

---

① 习近平:《习近平谈治国理政》,外文出版社2014年版,第162页。
② 习近平:《习近平谈治国理政》(第三版),外文出版社2020年版,第35页。

来,并在元代最终形成。大运河在古代漕运发展历史上主要以通航为目的,通过连接海河、黄河、淮河、长江、钱塘江五大水系,成为纵贯南北的水上要道。在历史传承的过程中,大运河展示了我国古代领先于世界的高超水利航运技术。在运河千年发展的历程中,运河沿线孕育了一座座文化璀璨的名城古镇。历史文化古迹及人文的历史积淀将其文化底蕴发挥至最大,这里有政治、经济、文化、社会诸多领域的经验精华亟待开发,这也成为大运河文化故事讲述源泉和运河文化传承的主基调。

其次,大运河古建筑体现了我国运河文化传承的历史证据。大运河由北京起,过天津,流经河北省沧州、泊头等地,南至山东、江苏,最终至浙江杭州。每一地区都是一个故事的核心源。到目前,河北段大运河的整体流向与河道情况基本没变,保证了其真实性、完整性,可以完美地展现出北方运河的地域特色。河北段大运河的建筑中也蕴含着古代劳动人民的高度智慧,这些具有浓厚地域特色的古建筑是不可多得的构建河北省大运河文化故事的元素。

最后,具有地域性文化特色的大运河文化遗产也具有极强的故事讲述性和魅力。其中,河北段的邯郸运河肇始于东汉末期,隋代形成,唐宋繁华起来。邯郸运河文化横跨时空,流经地域广阔,保留了众多遗产,丰富了中国大运河文化体系,是大运河中段的重要流域,保留了大量与运河有关的物质和非物质文化遗产。

(三)河北段大运河文化传承问题

1. 大运河沿线遗迹保护不力,部分地区景观不连续

大运河水利工程年代久远,并在较长时间内没有投入使用,部分河段废弃、干涸甚至被当地人民当作倾倒垃圾之处。同时,京杭大运河的水质堪忧,工业化污水和生活废水等排放也在影响着河北段大运河。走访时可以发现,部分河段的坝体使用了石灰混凝土进行了筑堤,土壤的呼吸性差,周围的自然环境能量循环被破坏,地下水的补给循环断裂,大运河河水自净能力直线下降。中央下达相关文件之后,大运河沿岸各地已经非常重视运河文化的保护传承,但是尚缺乏科学、系统的统筹规划。尚有部分地方对运河文化的保护措施过激不当,开发保护变成了破坏,甚至是造假。同时,河北段大运河景点不连接、没有统一规划、交通不便等原因导致不能连续观赏沿线景点。

2. 大运河人文和物质文化开发力度小

在河北段大运河当中,航运功能已经缺失很多年,实用功能的缺失使其在人民视野当中的重要性下降,人们对物质遗产和非物质遗产的保护意识缺失,保护不力。河北段大运河区域缺乏人文文化开发利用的部分。如旅游行业延展开发方案不力,当地特色与旅游行业联系不紧密,人文互动不够。大运河文化带建设要立足区域特色,适当正确地开发历史文化资源,对物质、非物质文化遗产进行开发再利用。

3. 缺乏具有可行性的整体规划

京津冀三地致力于共同推进大运河文化带建设,但由于缺少长期规划、没有进行统一管理,导致具体措施难以落实。京津冀大运河文化"故事"的整体基调不统一,"故事"的呈现也显得杂乱无章。

(四)河北段运河文化的解决之道:用"故事"传承河北省大运河文化

河北段大运河文化底蕴丰厚,要用"故事"讲好河北段大运河文化,让历史文化遗产焕发光彩。河北大运河文化带待挖掘重振的底蕴内涵尚有很多,以"故事"形式内涵生动地重现这一历史,可以给予人民更加真切的感受。要用"故事"讲好河北段大运河文化,以历史使命感和文化责任感,抓住时代发展机遇,建设运河文化集中展示平台,彰显出河北文化优势。

1. 用"故事"讲好河北省大运河文化

河北省大运河文化传承，以地市建构大运河故事传播的载体平台，好的平台才可以承载运河文化故事。运河文化展示平台主要是沧州博物馆以及相关市县的博物馆，平台仍然需要优化扩展。我们要充分利用先进技术，集中展现大运河文化，从而打造出具有省级水平的大运河文化博物馆。

讲好运河历史故事，发掘历史故事，赋予崭新内涵，以崭新角度切入。纪晓岚借书、大运河抗日、油坊码头兴衰、清朝皇帝巡游等运河故事典故，记载了大运河的灿烂文化。对这些历史故事元素进行统一收集整理，公开出版成集，以文字形式落实运河故事进行传播，为运河故事的传播寻找多样的平台载体，通过讲故事来传承运河文化，将是讲好河北省大运河文化的重要形式。

2. 用"故事"传承河北段大运河文化

河北地段大运河流经5个地市，区域不同，社会经济发展水平有一定差距，地域文化有各自的特色，这就要立足全局对大运河文化带统筹规划，构思跨地区、跨行业的发展战略。解决这一困境的有效办法是以"故事"内置其内涵、统筹其核心，传承河北段大运河文化。

建设文化旅游示范区，用"故事"实体传承河北段大运河文化。大运河文化带建设不会一蹴而就，这一系统性综合工程的开展具有时间性。因此，大运河文化带的整体推进需要重点突破，可以通过试点来依次推进，从而形成有河北特色的大运河文化带。结合现实环境、当地特色，聚集文化旅游要点，进行规模化呈现，各个区域协调联动，旅游线路互动互通，提升影响力，形成有河北特色的大运河文化生态旅游产业带。

古镇传承，以人为本。大运河两岸也曾孕育出古城、古镇、古村落，村落文明遗产丰富，这些都是建设文化带的核心要素。古城、古镇、古村落的历史内蕴需要深度挖掘开发，其自我特色应建设成为运河文化带的特色。商用和生活的和谐共生,在日常生活中得以传承这份文化,让宝贵的文化遗产渗入人民的生活之中。前期准备工作、规划工作需要落实好。具体举措可依靠雄安新区规划建设这一时代优势,科学规划大清河的通水通航工作,连接京杭大运河与白洋淀水系,恢复运河运行的原有生态,恢复绿化。河北段运河文化需要全面的清理整理,以考察落实梳理运河文化之间的联系渊源。可培育出点状运河文化群,例如雄县温泉文化、胜芳古镇文化、文安古城文化等。点状互通联系发展,构建大清河生态文化走廊。沧州市的武术杂技文化发达,别具一格,可整合大运河文化此类资源来发扬武术文化。

3. 用"故事"使河北省大运河文化"走出去"

大运河文化建设是国家战略和系统工程,因而建设河北段大运河文化应当高标准、严要求,以传承保护为基准,点线面协同联动,避免泛运河化、泛文化化;要突出文化主题,凸显运河主线。要用"故事"使河北省大运河文化"走出去",在这里更突出河北特色、中国特色。

"走出去"的第一前提就是运河文化设施的完善。恢复荒芜的运河河道,整体开发运河边的旅游线路,并将沿线运河的文化产业开发配套完全,做好对外宣传。引进高素质的文化教育人才,为运河文化开发做好相关方案,落实好基础设施,打造配套完善的宣传策略。以国际视野合理规划建设运河文化产业的发展,面向国际市场,合理配置旅游产业要素,打造运河文化产业带。讲好运河文化故事,落实好文化旅游、文化项目等实体,面向市场,让"故事"走出去。

以"故事"为主体,建构河北大运河文化的内涵并进行对外宣传活动。多种形式讲述故事,将历史以"故事"再现,生动化切实化,要看得见、摸得着,激发人民的历史回忆感亲切感。首先,要利用好京津冀国家战略、"一带一路"倡议、大运河文化带等战略,把握大运河文化带建设发展的主动权。其次,要落实好大运河文化带发展的相关专项规划。最后,要利用好河北省大运河文化资源优势，打造大运河文化 IP，协调联动，文化串联共赢，展现文化底蕴。

三、利用好大运河资源：大运河文旅融合产业集群

（一）大运河资源的活化利用

大运河和普通遗产的最大不同就是具有"活态性"，是"活着的遗产"，因此被称为"活态遗产"。所谓"活态"，不仅具有"遗产"的属性，更是历史与文化的见证，在现代社会生活中仍在持续发挥作用。①

1. 大运河资源的活化利用

大运河文化的活化利用是在遗产真实性和完整性的前提下，通过特定的载体、方式和技术，挖掘和利用遗产本身的文化内涵及文化元素，从而充分释放遗产自身活力及文化价值，推动遗产活态传承及可持续发展的过程。即通过一种"活"的方式，将文化遗产的内在核心价值经提炼、凝练后，融化、融入、植入当今普通百姓生活中，建立符合中国优秀传统文化的价值体系，以达到文化遗产适应新时代并继承和弘扬的目的。

"利用"只是"活化"的一种途径，而非最终目的。如今，我国逐步建立以博物馆为核心的大运河文化展示和传播体系，比如河北省沧州博物馆、聊城中国运河文化博物馆、隋唐大运河博物馆等，开展了一系列主题活动，以推动运河文化的交流与传播；形成了一些区域性的运河文化旅游项目，依托运河文化遗产项目和生态旅游资源，展现出运河文化和城市特色。

仍需关注的是，作为活态线性文化遗产的大运河，品类繁多，形态各异，但由于年代久远、多年断流，不少河段已经有了不同程

---

① 单霁翔：《"活态遗产"：大运河保护创新论》，《中国名城》2008年第2期。

三、利用好大运河资源：大运河文旅融合产业集群

度的损伤，保护层次较低；在运河的开发上，缺乏创新、模式局限，对运河文化缺乏深层次的理解，传承力度不够，导致利用率低下。大运河的文化遗产的活化利用，要以文化的保护和传承为最终目的，促进传统文化转型创新，挖掘运河记忆，讲好运河故事，使得大运河文化在当代文化生活中依旧保持着巨大的魅力，从而焕发出新的生命力。

2. 搭建河北省大运河的协同创新网络

协同创新网络是"针对系统创新所作出的一种基本制度安排"。① 搭建河北省大运河的协同创新网络，有利于主体间的交流和优势互补，如提升主体的创新能力和竞争力，整合多种要素，优化区域内的文化资源，推动其创造性转化等；有利于加强遗产地社区和社会公众两个主体的建设，构建河北省的大运河协同创新网络（见图5-1）。

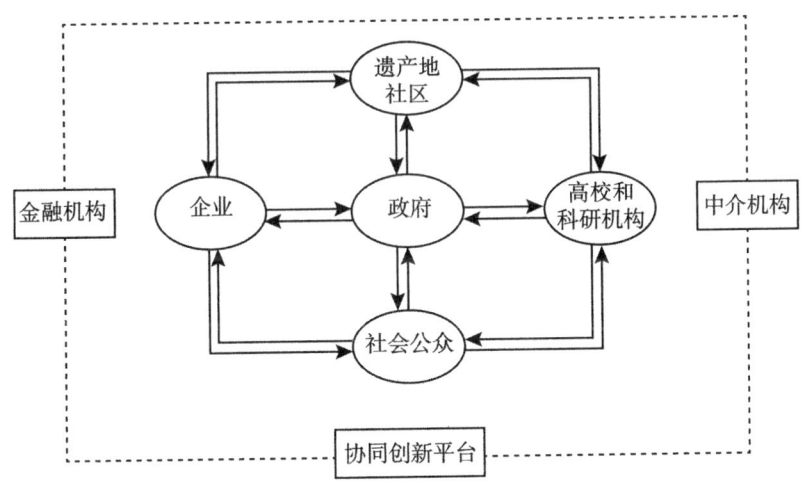

图 5-1 河北省大运河协同创新网络

---

① 范周、言唱：《大运河文化活化利用的协同创新网络构建研究》，《同济大学学报（社会科学版）》2020年第1期。

(1) 主体。

①政府：政府作为主要的推动者和组织者，需要确定大运河文化活化利用的基本原则和发展框架，大力推进大运河文化带建设，积极引导和鼓励多方主体、各类社会资本共同参与、广泛投资，为企业发展和文化传播创造良好的外部环境；为高校和科研机构提供研究和教育资金，为社区和非遗传承人提供资源；出台各种关于人才、金融等方面的优惠政策和运河遗产保护的地方性法规，提供财政支持和政策保障。

②企业：企业是创新要素的集成者，也是大运河文化带建设的主要执行者，负责连接知识、创意和市场。一方面要与高校、科研机构之间深化合作关系，通过实地考察等方式，了解在创新过程中遇到的问题，将研究成果进行转化、整合和再创造，打造和展示文旅新产品；另一方面为其他主体提供市场信息、人才、资金支持，利用丰富的社会资源，实现大运河文化保护、传承、利用的可持续。

③高校和科研机构：在河北省大运河文化带建设和活化保护的过程中，作为国家文化建设重要阵地的高校和科研机构不可或缺。大运河文化带建设，涉及多个方面，比如生态的保护、文物古迹的整理修复以及大运河的历史传承等，这些都需要高校和研究机构进行挖掘和研究指导。高校和科研机构应为其他主体提供知识、技术和人才，联动产学研，展开多种形式的合作。比如河北师范大学在2020年7月23日正式成立"大运河研究院"，与大名县共同推进河北省的大运河文化研究，为河北省大运河的建设提供有力的学术支撑。

④遗产地社区：大运河北段孕育了多个历史悠久、文化积淀深厚的运河村落，衡水市景县的白草洼村即是其中的代表，其渡口生意承载了一代又一代人的乡愁记忆。这些村落正是传承文化遗产的活体。大运河流域人们的生产实践和城镇的兴衰变化，塑造了大运河文化的丰厚内涵，遗产的活化利用不能脱离这一原生环境。原生居民在此的日常生活同样是文旅资源的一部分，游客亲身体验的民情民俗、非遗技艺，是运河文化中不可替代的文化符号，作为直接参与者配合其他主体进行创新、研发，从而实现了资源转化和产品

创新。

⑤社会公众：社会公众虽然不体现在协同创新网络的构建环节中，但在运河文化的传播和保护过程中起着重要的作用，弘扬了运河文化，加速了知识的传播。同时，公众对于文旅的需求和美好生活的需要推动着产品创新和内容生产，不仅可以为产业发展提供方向，也可以直接提供创意、发挥智慧，生产出大众所喜闻乐见的文旅产品。

（2）支撑系统。支撑系统中的金融机构和中介机构的主要职责就是为各个项目和环节提供资金支持和配套服务，吸引资源，推动产业融合与产业链的延伸；对接各个创新主体，提供技术服务和创新过程中的多种便利，加强各主体间的联系和协作。

协同创新平台作为整个协同创新网络的载体和承托，起的是整合资源、汇集信息、提供公共服务、促进创新主体间的交流与合作的作用。各个主体之间通过相互协作、积极参与，实现资源共享、知识传递和技术扩散。另外，各个主体的位置、作用及相互之间的关系也会随着大运河文化活化利用的发展而发生相应的改变。

（二）大运河周边文旅产业

在今天，文化产业和旅游产业融合发展的趋势日益明显，因此，强调推动文化和旅游业的有效融合是推动大运河周边文旅产业发展的重要举措。大运河河北段流经的区域保留着重要的文物遗址、水利枢纽以及众多非物质文化遗产。这说明河北省历史悠久、文化底蕴深厚，只有弘扬民族文化精神、挖掘景点的文化底蕴，才能够实现旅游产业与文化产业的共赢。

1. 河北省大运河周边文化产业示范园区统计

随着京津冀协同发展步伐的加快，河北省积极构建"两区四带"文化产业发展格局，产业布局更加优化；深入开展国家级、省级文化产业试点示范活动，推动文化产业不断提质增效、转型发展。

根据统计，河北省共有国家级文化产业示范园区创建单位1个，国家级文化产业试验园区1个，国家级文化产业示范基地12

个、省级 154 个，省级文化产业示范园区 36 个（含创建单位）。其中，运河沿线有国家级文化产业示范基地 5 个，省级文化产业示范园区 3 个（含创建），省级文化产业示范园区 19 个，省级文化产业示范基地 68 个（见表 5-1）。

表 5-1　河北段大运河周边文化产业示范基地

文化产业示范基地级别/个数	所属行政区域（个数）	文化产业示范基地名称
国家级示范基地/5	沧州市（1）	河北吴桥杂技文化经营集团公司
	廊坊市（1）	大厂评剧歌舞团演艺有限责任公司
	沧州市（1）	肃宁县河北乐海乐器有限公司
	衡水市（2）	习三内画艺术有限公司、河北金音乐器制造有限公司
省级示范基地/19	廊坊市（6）	河北华都影视剧制作有限公司、霸州海润俱乐部、霸州市茗汤温泉水疗养生度假公司、霸州市河北光彩投资有限公司、霸州市鸿兴捷图照明设备有限公司、霸州市河北今朝建工集团
	沧州市（4）	吴桥杂技大世界旅游有限公司、吴桥金鼎古籍印刷厂、吴桥华艺杂技演出有限公司、冀春实业集团有限公司
	衡水市（2）	河北青竹美术有限公司、阜城县王集乡国良剪纸烫金厂
	邯郸市（5）	馆陶思月陶艺有限公司、馆陶县陶漆工艺厂、海增粮艺有限公司、馆陶翔杰陶艺有限公司、魏县龙翔粮油食品有限公司
	雄安新区（2）	大名县工艺品工厂、白洋淀异国风情园有限公司

2. 河北省大运河周边非物质文化遗产统计

大运河河北段文化遗产分布广泛、名目繁多，且独具北方特色，具有极高的文化价值。为了探寻大运河文化的深刻内涵，加强对其的研究和保护，河北省对运河非物质文化遗产资源进行调查和统计，发现了大运河沿岸的各类文化遗存。

截至2021年6月，河北省共有国家级非物质文化遗产163项，总数居于全国前列，武氏太极拳等6个项目入选联合国教科文组织"人类非物质文化遗产代表作名录"。① 据公开资料显示，河北省政府批准公布了7批共990项省级非遗代表性项目，全省共有国家级非遗传承代表性传承人149人、省级非遗代表性传承人873人。② 目前，河北省大运河文化带省级以上非物质文化遗产90项（邯郸市25项、衡水市8项、沧州市44项、廊坊市5项）；在分布比例上，传统手工技艺和杂技与竞技类非遗占比58.9%，沧州市拥有的数量最多，占比48.9%。③

在大运河非遗保护传承利用上，《"十四五"河北省非物质文化遗产保护规划》提出实施大运河非遗记录工程、强化区域性整体保护、开展非遗工坊建设、统筹推进非遗基础设施建设四个方面入手。预计到2025年，采集记录不少于100名非遗代表性传承人、150个非遗代表性项目，建设不少于100个非遗工坊，并鼓励建设河北省大运河非遗数据库，从而推动河北省大运河沿线非物质文化遗产的保护、传承、利用工作。

河北省重点支持沧州非遗传承，采取国家支持和个人自建的方

---

① 《河北省14个非遗项目入选第五批国家级非遗代表性项目名录》，河北省文化与旅游厅网站，http://whly.hebei.gov.cn/c/2021-09-30/562077.html，2021 9 30。
② 河北省文化和旅游厅：《"十四五"河北省非物质文化遗产保护规划》，2021年8月，http://lywh.chengde.gov.cn/module/download/downfile.jsp?classid=0&filename=a47ab80e19fa483784a7590358a15b80.pdf，第3页。
③ 肖潇、窦兴斌、孙洪杰、李维锦：《河北运河文化带非遗传承利用现状与问题研究》，《沧州师范学院学报》2021年第9期。

式,筹建了吴桥杂技大世界、孟村八极拳、沧县狮舞传习所、泊头六合拳传习所等132个传习所如沧州市正在积极申报创建武术杂技类国家级文化生态保护区,举办非遗展示——"大运河文化带非遗大展暨第六届京津冀非遗联展",深入挖掘沧州六大特色文脉等,全面贯彻落实中央、省委指示精神,做好沿线非遗的挖掘与保护,全面推进大运河文化带建设,实现其历史文化价值。

3. 河北省大运河周边文旅资源的利用状况

河北省文化旅游资源丰富、品级高、影响力强,既有帝王陵墓又有文化遗址,境内交通四通八达,具有良好的区位优势,大运河沿线有5A级景区3个(白洋淀、广府古城、娲皇宫),4A级景区28个,3A级景区63个,2A级景区59个,占全省景区总数的40%,被誉为"活着的遗产走廊与生态走廊"(见表5-2)。

表5-2　河北省大运河周边4A级以上景区统计

河北段大运河周边旅游景区级别/个数	所属行政区域（个数）	文化产业示范基地名称
5A级景区/3	邯郸市（2）	广府古城、娲皇宫
	雄安新区（1）	白洋淀
4A级景区/28	沧州市（3）	铁佛寺、吴桥杂技大世界、南大港湿地
	邯郸市（10）	韩王九寨旅游景区、馆陶县粮画小镇旅游景区、京娘湖景区、七步沟景区、朝阳沟景区、东山文化博艺园、长寿村景区、东太行旅游景区、古武当山景区、周窝音乐小镇
	邢台市（8）	天台山景区、柏乡汉牡丹园、天梯山风景名胜区、紫金山景区、天河山风景区、太行奇峡群、扁鹊庙、前南峪景区

续表

河北段大运河周边旅游景区级别/个数	所属行政区域（个数）	文化产业示范基地名称
4A级景区/28	衡水市（2）	衡水湖景区、周窝音乐小镇
	承德市（5）	御道口风景区、平泉市山庄老酒文化产业园景区、京北第一草原风景区、大汗行宫旅游景区

首先，就文旅利用现状来看，首先，河北省大运河周边虽然文化资源数量众多，地域文化浓厚，但仍存在资源分布庞杂松散、开发程度较低等问题；大多数非物质文化旅游资源仍然处在原始无形状态，很多非物质文化遗产由于保护不够、传承方式单一等问题面临失传，实现产业化的更是屈指可数。这表明，河北省大运河文化资源没有得到优化配置、利用率低。

其次，文化价值挖掘不深、旅游产品文化内涵不丰富。如今，虽然我国正在逐步形成、建设区域性的运河文化旅游项目，但依靠简单的文化传播，缺乏其背后的文化内涵和潜在价值的挖掘。燕赵大地素来有豪迈英武的气概，武术、木板大鼓这些沿河非物质文化遗产处处可以体现燕赵的豪爽大气，但这些燕赵古韵文化在运河旅游产品里的体现程度却不高，文旅整体形象不鲜明。

（三）打造大运河文旅资源融合产业群

《中国文化及相关产业统计年鉴（2018）》统计显示，2017年大运河沿线规模（限额）以上文化企业单位数60251家，河北省1704家，占大运河全线规模数的2.8%；河北大运河沿线文化带沿线省市GDP与文化及相关产业增加值34016.3亿元，占全线GDP总值的3.24%，排在大运河沿线各省文化企业营收总额的末尾。就河北省大运河文化产业园区、文化遗产分布和旅游景点而言，存在资源利用率不高的问题，与其他省份存在一定差距。

1. 通过大运河协同创新网络，共同推动河北省大运河文旅资源产业群搭建

通过大运河协同创新网络，可以统筹各个主体和领域，加强整体性，实现系统优化，有利于构建区域协调机制，促进区域间的交流与合作。政府、企业、高校和科研机构、遗产地社区等多方主体，在发挥各自优势的同时应协调合作，加强区域间的信息交流与沟通，合作开发建设文旅项目。在以政府为主导、强化各级政府监管引导作用的同时，还要充分发挥沿线社区的力量，协助进行文化资源的开发利用和运河文明的传播。

通过大运河协同创新网络，整合文化、旅游、投资多方资源，突出特色、科学布局、合理配置，全面提升大运河文旅资源价值链，可以推动河北省大运河文旅资源产业群搭建，提升大运河文旅资源的整体竞争力。

2. 以周边文旅资源为优势，建设河北省大运河文化公园

大运河国家文化公园应选取区位条件好、展示利用较为成熟的区段进行建设；还应具备相对明确的管理机构和管理职责，肩负起区域文化保护传承的重任，以带动周边区域发展。要充分利用大运河沿线独具特色的文物和文旅资源优势，比如沿岸的古镇、村庄，都是文化带建设的核心要素。挖掘运河文化价值，就要从这些资源入手，借助生态环境优势和文化内涵，促进融合发展，彰显燕赵文化自信，积极拓展思路、创新方法、完善机制；同时积极探索文化资源保护传承利用的新思路，注意对自然遗产资源的保护以及和周围村镇的融合发展，从居民的情感和生活方式出发，使各类非物质文化遗产原生态的生长空间得以充分保留。运河遗产涉及水利工程、工业遗产、建筑遗址、乡村农业景观等，应与当地农业、工业、教育、文化等各方面进行融合。

廊坊市香河县目前完成了运河文化公园建设并对外开放，还有正在推进的工程建设，比如生态驳岸、安运桥核心区景观、滨水景观带等；2020年河北省两会提出建设特色突出、亮丽夺目的大运河国家文化公园沧州段,要使大运河文化公园成为宣传大运河文化、展示燕赵文明的靓丽名片。

3. 利用好河北省地域优势,促进区域联合发展

大运河河北段和北京段、天津段相互连通,是中国大运河中独具北方特色的文化瑰宝。不同地域有着不同的风貌,既要有整体性、区域联合发展,又要体现出不同地域的特色,这样才能给游客带来不一样的文化感受。

在深入推进京津冀协同发展、乡村振兴战略的同时,利用河北省的地域优势,推动京津冀区域联合发展,构建区域协调机制,联合开发大运河文化资源,发挥遗产廊道的联动作用,如廊坊市与京津同时治理北运河,效果显著,河北省廊坊市联合北京市通州区和天津市武清区,建立了一批以运河文化为主题的精品旅游线路。

要运用共建、共管、共享的合作机制,推动本地区大运河文化资源的发掘和运用,促进运河沿线区域协调发展,将北运河建设成全国大运河文化产业发展示范区,打造文旅资源融合产业群。

4. 培育大运河 IP,打造文旅融合精品线路

当前,旅游业的发展已经进入新阶段,传统的旅游模式已经不能满足游客的旅行需求,人们更加注重旅行过程中的体验感。因此,要建设大运河文旅资源,应结合河北省运河遗产的资源,打造大众化、多样化的运河文化产品,增加非遗技艺文化体验项目、古镇村落的民情习俗;结合运河北段沿线的漕运文化、水利文化、船舶文化等,加强游客的文化体验,让游客全方位感受到多元的大运河。如沧州市作为河北省区域内运河流经最长的城市,一直在大力推进大运河文化带建设,为了让游客拥有更多的文化体验,依次建设了森林公园、家庭林场、桑果采摘园、林果观光区等,在游览的过程中感受运河的生态之美、文化之光。

另外,要注重培育运河"IP"。文化创意是旅游行业进行创新发展、内涵发展的核心环节,也是旅游业转型升级的关键。河北省人文资源丰富,尤其大运河形成与发展中产生了许多与运河相关的故事传说,都能够产生适合当下的运河"IP"。

在文旅融合层面,利用文化资源开发出独具地方特色的旅游产品,如香河县设计了乡村旅游规划,进一步打造串联千亩紫薇园、荷花小镇等特色景观旅游路线;邢台市开展贝州古镇项目和运河水镇项目,打造靓丽的运河文旅名片;衡水市开展设计形式多样的活动,促进传播,同时推出更多文创产品,推广和宣传运河文化。河北各地将不同功能、类型的项目串联,实现地区文化融合、文化旅游融合、产业间融合。如打造多功能的历史文化展示街区、白洋淀生态湿地旅游区等,建设独具河北特色的大运河文化生态旅游产业带。

5. 建设数字化平台,深化文旅产业合作

大运河河北段由于其地理位置的特殊性,其非物质文化遗产独具特色、丰富多样,但运河沿岸和其相关濒临灭绝的非遗也有许多,将数字化手段运用到开发、包装、展示,传播大运河的浓厚文化,做成具有代表性的文化遗产和精品展示,使得这些珍贵的文化遗产得以保存和传承,就显得尤为重要。不管是人工智能还是5G,这些数字平台可以将大运河的精髓形成数字化具象,跨时空地传播,利用虚拟的空间生动、形象、具体、全面地向大众展示大运河形象。①

具体的操作措施有:对运河两岸文化遗迹纪念地进行标注,开展河北大运河数字化展示工程,建设网上"智慧"博物馆,还原文化遗产的真实场景,增强用户的体验感和参与感,让游客在虚拟与现实的交错之间感受大运河的沧桑历史。其中,关键是要发挥互联网的优势,充分运用信息化、数字化、智能化手段,提高平台的开放性与交互性,将传统媒体与新媒体相结合,实现线上线下互动传播,最大限度提升传播效果,打造文旅融合发展的数字平台,以

---

① 窦兴斌、何边:《新媒体语境下大运河(河北段)非物质文化遗产数字化保护与传承策略研究》,《大舞台》2018年第5期。

实现文旅产业的数字化，促使文化产业和旅游产业向更深层次融合。数字化的广泛应用，不仅可以满足游客多样性个性化的新需求和新体验，更加推动了文旅产业体制机制创新，深化人才交流，催生文旅融合新业态。

第六章　河北大运河红色文化资源传承与品牌应用

2014年，中国大运河被正式列入《世界遗产名录》，从此大运河拥有了世界文化遗产的身份，丰富了世界文化遗产宝库，成为中国遗产"走出去"的标志文化。通过考察（见表6-1），发现大运河拥有众多的历史文化资源，"千年运河"的文化遗产形象标识已经深入人心。河北作为京津冀一体化发展过程中的省份，河北大运河文化品牌应用要结合大运河红色文化资源传承，既要突出对文化遗产和文物的活态传承，又要通过文化旅游的方式实现社会效益，产生经济价值。

表6-1　　　　　　　　大运河文化发展的节点梳理

时间	文献/重要会议	历史价值
1994	以"运河遗产"为主题的世界遗产大会在加拿大安大略省召开	对"运河遗产"这一遗产类别进行了定义，指出运河作为人工开凿的水道，从历史和技术层面讲都具备文化遗产的突出普遍价值，是值得被纪念的人类工程，不仅体现了线性文化景观遗产特点，又在综合文化景观中独树一帜、不可或缺
1996	国际运河遗产研究报告	高度评价了大运河的水利工程科技文化遗产价值，视中国大运河为工业技术革命前首屈一指的科技成就
2006		国务院陆续将215个价值突出的大运河文物公布为全国重点文物保护单位

续表

时间	文献/重要会议	历史价值
2014	第38届世界遗产大会	中国大运河项目成功入选《世界文化遗产名录》
2018	世界文化遗产名录	世界遗产委员会将大运河推选为世界遗产保护管理年度优秀案例

一、河北大运河红色文化品牌利用的现状

河北大运河红色文化品牌利用是指在不破坏运河文化遗存本身的前提下，挖掘和利用遗产本身或其中所蕴含的文化内涵及文化元素，并通过特定的载体、方式和技术，进行适当的加工、改造、转化或再创造，从而充分释放遗产自身活力及文化价值，推动遗产活态传承及可持续发展的过程。同时，将文化遗产的内在核心价值融入中国优秀传统文化的价值体系，达到使大运河红色文化遗产适应新时代并继承和弘扬的目的。

应当指出的是，明确大运河红色文旅资源的利用只是"保护"的一种途径。当前，我国已经逐步建立起以大运河文化公园为主的展示和传播体系，开展了一系列主题活动，推动了运河文化的交流与传播；并形成了区域性的大运河红色文化旅游项目，依托大运河红色文化遗产项目和生态旅游资源，展现长城红色文化资源和城市特色。

但是，大运河作为我国独具文化辨识度的线性文化遗产，由于年代久，部分地区对大运河红色文化缺乏深层次的理解，致使大运河红色文化的传承力度不够、辨识度较低。因此，大运河红色文化利用要以文化的保护和传承为最终目的，促进传统文化转型创新，挖掘大运河红色记忆，讲好大运河红色故事，使得大运河红色文化在受众的文化接受层面上焕发出新的生命力。

(一) 逐步建立以大运河国家文化公园为核心的红色文化品牌与传播展示平台

国家公园是自然保护的一种重要形式,兴起于美国,随后在世界范围得到发展并逐步走向成熟。建设国家公园,是为了遏制野蛮的开发行为,保护重要的自然遗产。《国家公园定义与功能》(国家林业和草原局)中将国家公园定义为:"国家公园是一个土地所有或地理区域系统,该系统的主要目的就是保护国家或国际生物地理或生态资源的重要性,使其自然进化并最小地受到人类社会的影响。"近年来,"国家文化公园"一词在国家重大会议上多次被提到,向我们传递出中华优秀传统文化创造性转化创新性发展的重要性。

当前,大运河文化公园建设已经成为我国线性文化遗产保护、传承、利用的重要路径。因此,通过建立以河北大运河国家文化公园为核心,整合长城周边具有重要影响、重大主题的红色文化资源,实现红色文化教育、红色公共服务、红色文化研究功能,形成具有特定开放空间的红色文化载体,集中打造大运河国家文化公园具有独特辨识度的红色文化标识,充分彰显中华优秀文化和社会主义文化的相互影响力、持久影响力和强大生命力。

(二) 形成区域性大运河红色文化品牌项目

党的十八大以来,全国红色文化旅游景区景点接待游客累计达 51.7 亿人次,红色文化旅游综合收入累计达 1.35 万亿元;全国红色文化旅游直接就业 130.6 万人,间接就业 510 万人,足见红色文化旅游对政治效益、社会效益和经济效益的影响愈发明显。[1] 当前,红色文化以革命纪念地、纪念物及其所承载的革命精神为吸引物,组织接待旅游者进行参观游览,实现学习革命精神,接受革命

---

[1] 《2020 年我国红色旅游出游超 1 亿人次 2021 红色旅游行业全景调研》,中研网,http:www.chinairn.com/hyzx/202110417/120226259.shtml,2021-04-07。

传统教育和振奋精神、放松身心、增加阅历的活动目标。红色文化把红色人文景观和绿色自然景观结合起来,把革命传统教育与促进旅游产业发展结合起来的新型的主题旅游形式,其最大的特点就是将爱国主义教育融入日常的旅游当中。

大运河文化作为我国"活着的遗产",周边有丰富红色文化旅游资源。根据《全国红色旅游经典景区名录》,不同地区应该在大运河周边设置多处红色景区,如邯郸市红色旅游系列景区、白洋淀红色旅游系列景区等。这些为大运河红色文旅项目开发和联动提供了一笔宝贵的旅游资源,开发大运河红色文化旅游资源、发展大运河周边红色文化品牌,对各级文化旅游管理部门、业界、学界都具有重要的价值,同时具备资源开发的重要意义。

(三) 部分遗存实现转型与再利用

我国关于大运河文化的认识经历了从线到片、再到面的变化过程。因此,大运河文化也呈现出多样性。大运河文化遗存的保护应从构成形态、基本功能、分布区域等要素出发,以大运河流经区域为主要形态特征。而且,大运河文化遗存的保护已经脱离了单纯的文化遗产保护层面,拓展到了大运河经济带、大运河文化带。如大运河红色文化的内涵凝聚了中华民族自强不息的奋斗精神和众志成城、坚韧不屈的爱国情怀,为大运河红色文化遗存赋予了新的历史责任和使命感。

二、河北大运河红色文化品牌发展的主要问题

文化旅游资源保护传承和活化利用是相互联系、相互依存的,但是在活化利用中不可避免地会对自然资源造成某种程度的破坏。作为拥有"千年运河"美誉的线性文化资源,其基本特点是跨度时间长、分布范围广、文旅资源丰富,许多资源位于自然环境比较恶劣、交通条件比较差的经济欠发达的地区,在这些地区大运河资源保护和利用难度大、紧迫性强。因此,在生态较为脆弱的基础上,把握好大运河红色文化保护传承和活化利用的平衡尤为重要。

(一) 基础建设和文化品牌利用的可供性不足

可供性（affordance）原初定义为："一个具体环境的 affordance，就是它为动物提供（offer）的东西，它准备（provide）或供应（furnish）了什么，无论是好是坏……它在某种程度上涉及环境与动物两方面……它意味着动物与环境之间存在着互补性（complementarity）。"[1]

大运河红色文化的可供性不足表现为基础设施不完善和红色文化品牌不合理两个方面。在基础设施上，旅游交通连接性不高，基础设施达不到旅游发展的基本要求。主要表现在：内部分城市之间、城市到主要景区之间、交通主干线到部分景区之间，道路建设均有滞后现象；接待设施空间分布严重不均匀，等级配置较不均衡，不能满足商务客人及高消费人群的要求；在经济欠发达地区，存在着市政基础设施较差、市容市貌不佳等问题，达不到发展旅游的基本要求。在旅游产品结构上，各类旅游产品之间及其内部的比例关系不对等，包括消费结构、要素结构、组合结构等。主要表现在：产品结构单一；宣传范围较小；宣传方式不新颖；河北大运河文化品牌的链接性较弱。

(二) 跨区域较长，缺乏多元协作与联动

大运河河北段流经河北省五市一区，拥有河北省重要的文化资源，但由于大运河跨度较长，在多元协作和联动发展上存在问题。具体包括：①线性文化遗产保护是一项相互配套的系统工程，需要众多地区和部门的携手合作才能取得成功，但是目前合作情况不容乐观；②旅游合作基础薄弱，旅游产品互补性差，在资源配置等方面政府干预过多，没有充分发挥市场调节的作用；③大运河红色文化品牌开发存在地区管理体制不顺、条块分割、组织协调机制不健全的问题，难以形成规模经济优势和强大的竞争力量，难以快速均衡持续发展。

---

[1] Gibson, James J. The Ecological Approach to Visual Perception, in *Houghton Mifflin*, 1979, p. 100.

（三）统筹协调机制缺位，文化保护、传承与利用相割裂

大运河红色文化品牌资源赋存良好，类型多样，但是大多数旅游资源的开发利用率不高，尚未从旅游资源转化为旅游产品。主要表现在：①旅游开发情况较好的地区忽视对资源的深层次挖掘，导致长时期处于低层次开发的初级阶段，进步不显著；②有不少潜力很大的资源尚未被开发或遭到破坏性开发。

在开发现状上，我国大运河红色文化品牌已经有了一定的基础，但由于交通环境复杂等因素，大运河红色文化品牌还存在开发较少、保护程度较弱的问题，部分文化遗存存在无人维护与修葺的红色文旅资源和未开发地段。

三、构建大运河红色文化品牌的发展策略

（一）协同创新模式对于大运河文化品牌利用的意义

搭建运河红色文旅的协同创新模式，有利于大运河红色文化品牌主体间的交流和优势互补，提升主体的创新能力和竞争力；有利于整合多种要素，优化区域内的文化资源，推动其创造性转化。

（二）大运河红色品牌发展的协同创新模式

在结合协同创新网络的基本结构基础上，从大运河红色文化传承保护的过程、特征和需求出发，结合其中所涉及的主要参与者、核心利益相关者，针对大运河红色文化品牌发展，构建大运河红色文化品牌利用的协同创新模式。

河北各级政府作为主要的推动者和组织者，既要搭建协同创新的平台，又要统筹规划，确定大运河红色文化品牌的基本原则和发展框架，结合大运河文化的保护规划推出大运河红色文化旅游融合发展专项规划，大力推进大运河红色文化品牌建设。积极引导和鼓

励多方主体、各类社会资本共同参与、广泛投资,为企业发展和文化传播创造良好的外部环境;为高校和科研机构提供研究和教育资金,对社区和非遗传承人进行扶持、提供资源,出台各种关于人才、金融等方面的优惠政策和运河遗产保护的地方性法规,提供财政支持和政策保障。

企业是创新要素的集成者,也是河北大运河红色文化品牌建设的主要执行者,负责连接知识、创意和市场。一方面与高校、科研机构之间深化合作关系,整合内外部的多种资源,通过实地考察等方式,了解在创新过程中遇到的问题,将研究成果进行转化、整合和再创造,打造和展示文旅新产品;另一方面为其他主体提供市场信息、人才、资金支持,利用丰富的社会资源,推动智力资源和创新成果的转化,实现大运河文化保护、传承、利用的可持续性。

在大运河红色文化品牌利用过程中,作为国家文化建设重要阵地的高校作用不可或缺。大运河红色文化品牌建设,涉及生态的保护、文物古迹的整理修复,以及大运河红色文化的历史传承等,这些都需要高校和研究机构进行挖掘和研究指导。

大运河孕育出多个历史悠久、文化积淀深厚的古村落,沿着大运河文化承载了一代又一代人的乡愁记忆。这些村落正是传承文化遗产的活体。生活在大运河周边的人们的生产实践和城镇的兴衰变化,形成了大运河文化的区域文化,尤其是大运河周边形成了独特的红色文化,塑造了大运河文化的丰厚内涵,河北大运河红色文化资源正是对大运河文化发展的进一步"活化利用"。而且,原生居民在此的日常生活同样是文旅资源的一部分,游客亲身体验的民情民俗、非遗技艺,是大运河文化中不可替代的文化符号,作为直接参与者配合其他主体进行创新、研发,实现资源转化和产品创新。

社会公众虽然不在大运河红色文化品牌的构建环节中,但在红色文化的传播和保护过程中起着重要的作用,比如弘扬大运河红色文化,加速知识的传播。同时,公众对于文旅的需求和美好生活的需要推动着产品创新和内容生产，不仅可以为产业发展提供方向，也可以直接提供创意、发挥智慧，生产出大众所喜闻乐见的红色文化品牌。

四、利用大运河红色文化品牌的基本策略

（一）提升大运河周边红色文旅产业价值

通过大运河协同创新网络，可以统筹各个主体和领域，加强整体性，实现系统优化，有利于构建区域协调机制，促进区域间的交流与合作。政府、企业、高校和科研机构、遗产地社区多方主体，在发挥各自优势的同时协调合作，加强区域间的信息交流与沟通，合作开发建设红色文化品牌项目。在以政府为主导、强化各级政府监管引导作用的同时，还要充分发挥沿线社区的力量，协助进行文化资源的开发利用和运河文明的传播。

（二）打造大运河红色文化旅游的精品线路

当前，旅游业的发展已经进入新阶段，传统的旅游模式已经不能满足游客的旅行需求，人们更加注重旅行过程中的体验感。基于上述原因，河北各地应结合大运河红色文旅遗产资源，打造大众化、多样化的红色文化产品，增加非遗技艺文化体验项目、古镇村落的民情习俗体验，增强互动与参与，让游客全方位感受到多元的运河红色文化。

另外，应注重培育大运河红色文化"IP"。文化创意是旅游业走创新性发展、内涵式发展之路的核心环节，也是旅游业转型升级的关键。大运河人文资源丰富，尤其在抗日战争时期形成了丰富的大运河红色文化故事传说，都可以创造属于当代的大运河红色文化"IP"。

在文旅融合方面，必须坚持"世界视野，中国高度，本土特色"，利用文化资源开发出独具地方特色的红色文化品牌，打造文旅融合精品线路的关键。将不同功能、类型的项目串联，实现地区

文化融合、文化旅游融合、产业间融合，打造多功能的历史文化展示街区，建设独具大运河红色文化特色的旅游产业带。

（三）建设大运河红色文旅融合发展的数字平台

首先，由于大运河历史的特殊性，其非物质文化遗产独具特色、丰富多样。这些珍贵的文化遗产的保存和传承尤为重要，可利用数字化手段将其重新开发、包装、展示，传播长城浓厚的红色文化，做成具有代表性的文化遗产和精品展示。现代数字技术能够通过技术平台无限延展传播空间，不管是人工智能还是5G，可以将大运河红色文化的精髓形成数字化具象，跨时空地传播，利用虚拟的空间生动、形象、具体、全面地向大众展示长城红色文化形象。

其次，可以对大运河红色文化遗迹纪念地进行标注，开展大运河红色文化数字化展示工程，建设网上"智慧"博物馆，还原文化遗产的真实场景，增强用户的体验感和参与感，让游客在虚拟与现实的交错之间感受大运河的沧桑历史，将传统媒体与新媒体相结合，最大限度地提升传播效果。

第七章　沧州市大运河文化带发展现状及策略

大运河沧州段位于河北省沧州市中部，起自吴桥县第六屯村南，流经吴桥、东光、南皮、泊头、沧县、运河区、新华区、青县8个县市区，止于青县李又屯村北，全长253千米。沧州段大运河保持了历史河道的原真形态，是京杭运河沿线生态历史价值、环境生态价值最突出的典范。

一、沧州市大运河文化带整体概况

（一）大运河沧州段基本概况

1. 源远流长的运河历史

历史上，大运河在促进沧州农业、盐业、酿酒、商业发展等方面都发挥了重要作用。

在农业方面，虽然历史上水患频发，但大运河依然是沧州农业灌溉的重要水源。在盐业方面，北魏《食货志》记载，"……沧州置灶一千四百八十有四"，大批食盐通过运河运往江南及各地。在酿酒方面，取水于运河的沧州酒被乾隆年间进士阮葵生评价为"味始清冽"，借助于运河之便利而闻名天下。文人钱谦益在《后饮酒》一诗中，描述了沧州酒被购一空的景象："停桡买沧酒，但说孙家好。酒媪为我言，君来苦不早。今年酒倍售，酒库已如扫。"清人袁枚在《随园食单》中更是慨叹："今海内动行绍兴，然沧酒之清，浔酒之冽，川酒之鲜，岂在绍兴下哉。"在商业方面,明清相继定都北京,运河漕运愈发重要,至清朝,沧州及其境内的泊头、河间、献县等均为京杭大运河的交通要冲,成为京津冀鲁豫等地商品流通必经之地或商品集散中心,这使沧州迎来了商业上的繁荣。明代诗人瞿佑在《沧州城》一诗中有如下描述:"但见运河绕郭流滔滔,高桅大舵长短篙,自南而北连千艘。"

千余年来,经运河所运漕粮达 300 亿担之多。另外,明朝永乐年间出现的地名"商家林",也反映出当时大批商人汇聚沧州、商家如林的景象。运河沧州段的漕粮及商业运输业的繁荣也刺激了沧州镖行、装运等行业的兴盛,甚至留下了"镖不喊沧州"的传说。由此可见,沧州大运河的历史源远流长。

大运河是沧州的"母亲河",促进了历史上沧州的经济发展与繁荣,也是当前沧州一道重要的文化长廊,折射出沧州的发展历史,凝聚着城市的文化内涵。

2. 独特的水工价值

大运河沧州段最具代表性的水工价值体现在弯道代闸和堤防加固工程方面。为了解决水量变化较大给航运带来的困难,大运河沧州段在自然河道的基础上,通过人工做弯的方式,构筑起蜿蜒曲流的河道形态,从而对航道水面坡降作出调整,将河道纵比降减缓,便于行船,不建一闸而实现航道水力特性的调整,同时满足了干流行洪的需要,有效提高了通航质量,其综合工程效益被归纳为"三弯抵一闸"。尤其是东光谢家坝—吴桥第六屯段的申遗河段,是南运河弯道技术的典型代表,地表形态蜿蜒曲折,甚为壮观。这种人工做弯体现了古代运河在工程规划方面的科学性,是中国水工智慧的重要体现。

大运河沧州段地势较高,有些河段甚至高于两岸地面,必须靠堤防约束。为解决堤防多弯曲易导致堤岸塌落这一问题,南运河多采取夯土加固工程措施,对堤岸进行加固。沧州段的堤防系统由缕堤、遥堤、月堤、格堤等组成,各种形式的堤坝在选址、设计及施工技术上均具有较高的科学性。沧州段运河没有砌体纤道,局部主河槽两侧的缕堤在运河航运时期兼做纤道。

大运河沧州段部分段落仍保存了较为原始的堤防形态，大运河遗产点之一的东光连镇谢家坝，为南运河河北段仅存的两处夯土坝之一。坝体为灰土加糯米浆逐层夯筑，夯土以下为毛石垫层，基础为原土打入柏木桩筑成。夯土层每步厚 18~22 厘米。平均收分 20%。堤坝整体稳定性好，筑成后，再没有出现决堤状况，沿用至今。

大运河沧州段这种弯道代闸和险工段加固工程，以及河道工程管理中利用洪水冲淤、泥沙固堤等措施，体现出古代河工技术中以堤治河、以河治河的智慧和特点。

3. 丰富的自然和文化遗存

蜿蜒的河道和悠长的历史为大运河沧州段留下了丰富的自然遗产和文化遗存。

2006年，河北省文物保护中心在大运河河北段文物资源调查工作中发现沧州市的文化遗产涉及多种类型，包括闸所、码头、沉船点、古建筑、近现代建筑、古遗址、工业遗产、墓葬、石刻等。2009年，大运河沧州段有多处遗产点被列入《河北省大运河遗产保护规划》，如马厂炮台及军营遗址、捷地分洪设施、东光码头遗址及沉船点、连镇谢家坝4处遗产点被列入大运河申报世界文化遗产预备名单，泊头清真寺为后续列入项目。2014年，沧州市东光连镇谢家坝—吴桥第六屯段河道、遗产点连镇谢家坝被列入《世界遗产名录》。这些遗存既是了解过去、对话历史的重要桥梁，也凝聚了不可多得的文化价值和历史价值，对当下大运河文化带的建设和发展意义深远。

（二）沧州市大运河文化带建设情况

沧州市是我国北方地区大运河唯一穿越中心城区的地级市，也是运河生态和原真性保留最完整的城市之一，既体现了北方运河的典型特点，又具有"以湾代闸"的水工智慧和"河—滩—林—田—水"的原真风貌。大运河沧州段具有杰出的文化遗产价值、难以替代的生产与生活基础设施价值、重要的生态基础设施价值、独特的国民教育价值以及战略性休闲游憩廊道价值。

沧州市对大运河文化带建设历来高度重视。自2008年以来，市政府针对大运河进行过很多专项城市设计，并在城市总体规划与控制性详细规划中都设有运河专题。① 公开资料显示，沧州市投资276亿元，谋划实施了61个大运河文化带建设重点项目，使大运河沧州段文化带逐渐成为沧州"河海相济，动能强劲"的重要增长极。

1. 夯实组织保障，深化顶层设计

沧州市在组织保障和顶层设计方面相继发力，逐渐形成了"小组管统筹，部门抓管理、公司搞建设、社会做研究"的完整组织体系。

在坚实的组织保障下，沧州市着力深化大运河文化带建设的顶层设计，聘请国内一流的规划专家团队，确定了"1+3+N"规划体系，把创新、协调、绿色、开放、共享理念融入其中，把大运河文化带建设作为涵盖城市建设、产业转型升级、生态保护与修复、文化传承与保护的综合性系统工程。自2018年以来，沧州市就已经审定通过了《大运河城市区提升改造概念性规划》，制定了《沧州城市区大运河文化带建设规划思路》，又对《沧州市大运河文化遗产保护管理条例》征求意见，出台了《城市区大运河文化带重点片区景观设计方案》等。正在编制《国土空间规划》，完善《沧州城市区大运河文化带建设规划》和《沧州城市区大运河文化带建设控制性详细规划》两个整体性规划以及综合管线、道路交通等多个专项规划。深度对标国家、省规划文件，全面推进文物保护、文旅融合、河道水系治理管护、道路交通、生态环境保护修复、土地综合开发利用6个全域性规划编制，使全市大运河文化带建设工作更加系统、规范。

---

① 秦博闻：《沧州京杭大运河沿岸景观风貌改造与更新研究》，天津大学2017年硕士论文。

2. 着力推进"五大工程"和"一线多珠"发展格局

沧州市大运河文化带建设领导小组以大运河文化带建设为抓手，提出沧州"运河时代"的号召，并逐步实施了开展拆迁拆违、文物保护、河道清淤、生态修复、垃圾清理五大基础工程。

2018年建成大运河生态修复及环境卫生整治工程展示区，昔日这里违建遍地、垃圾成堆、河道淤积，如今这里成为儿童能嬉戏、青年能运动、老人能散步的好去处。2019年完成主城区河道内的南关、张家坟两村整体和谐搬迁，对沿线文化遗产进行勘察摸底、实施保护。目前，沧州市正积极推进大运河国家非物质文化遗产公园、南湖文化街区改造提升、大运河文化带生态修复工程二期（南关、张家坟片区）、大运河文旅服务中心、水月寺文化产业园等重点项目，真正践行"还运河于人民"的建设理念。

同时，在大运河文化带建设上，沧州市从全域着眼，以沧州段大运河为轴线，"一线多珠串蓝绿"，提升大运河全域景观环境与配套功能，完善沿河地区的基础设施建设。在大运河沿线各区县，重点打造吴桥杂技文化名镇、东光生态文化名镇、沧州旧城遗址与铁狮文化名镇、兴济运河小吃名镇、青县红木文化名镇以及泊头手工业名镇、沧州武术文化名镇7个特色名镇，与中心城区交相辉映，初步形成了"一线多珠"的发展格局。在此基础上，进一步挖掘和筛选特色文化突出的城镇和重要景观节点，如捷地分洪闸、东光谢家坝段"最美运河"等，列入大运河精品旅游线路建设项目库，进一步推动"一线多珠"格局的协同发展。

3. "四带一体"，保护传承利用齐头并进

按照习近平总书记的指示，大运河在建设生态文明、构建文化自信、沟通南北经济等方面已成为国家战略的重要组成部分。在此基础之上，沧州市开展大运河的生态价值、经济价值和文化价值建设。

第一，建设"生态带"。在全市范围内开展拆迁拆违和生态修复等工程，提升大运河周边生态保护和文明建设水平。目前，沧州

市运河区累计清理垃圾 10500 余立方米,拆除违建 70 多处,美化粉刷墙体 9950 平方米,力争在运河沿线打造"林水相依、绿廊相连、绿块相嵌"的绿色长廊。

第二,建设"经济带"。沧州市调动大运河沿线区县,做好本区县项目规划和落地实施,坚持"保护优先、文化引领、生态铺底、还河于民"的理念。同时,聚焦协同发展、转型升级和城乡统筹,以大运河为纽带,着力发展县域特色产业集群。沧州市大运河文化带建设对城市经济发展、人民生活水平提升,以及对沿线经济建设的带动作用逐渐凸显。

第三,深化文化保护和传承,建设"沧州大运河文化带"。首先,规范文物保护工作机制,挖掘重点文保单位的历史、水工价值。其次,结合沧州市现存的文化资源,包括渤海文化、《诗经》文化、武术文化、杂技文化、医药文化等,共同构成了沧州的文化画像。最后,坚持彰显运河特色,把运河文脉与其他文化相融互嵌,促进运河文化与城市文化的和谐共生发展,打造独一无二的沧州运河品牌。

第四,建设"旅游带"。《河北省旅游业"十三五"发展规划》以满足旅游者休闲、度假、娱乐的需求为主导,构建"一圈两带两区多点"的旅游空间布局,形成"山海相连、城乡交融、全域覆盖、区域协同"的"大旅游"。另外,沧州市紧抓京津冀旅游协同发展重大机遇,充分挖掘和利用本地资源,融合运河生态特色、杂技传统、武术文化等,注重产业融合,培养文旅发展新方式,促进沧州旅游崛起。

4. 市县联动,各地亮点频现

沧州大运河沿线各县市在大运河文化带建设上相互联动,积极谋划,共同串联起纵贯沧州 200 余千米的绿色长廊。2018 年,东光县成立了大运河文化产业研究院,规划了"一线三珠多点"布局。"一线"即东光段大运河沿线,"三珠"即码头宜居宜游文化小镇、南霞口大运河康养小镇、莲窝水驿古镇,"多点"即南霞口大运河森林公园—氧生园、码头沉船遗址公园、东吴文创园、油坊口民俗风情园、麒麟卧生态采摘园、连镇镇谢家坝遗址公园等景观节点。吴桥县则投资约60亿元，重点实施了大运河文化展馆、运河公园、牡丹园、杂技小镇等项目，加快推进大运河生态修复，优化大运河周边居住环境，并带动周边经济繁荣发展。青县通过河道清淤、拆迁拆违、垃圾清理等措施，打造了面积200余亩的生态公园，假山、湖泊、甬路、广场等休闲景观错落有致，于2019年投入使用。泊头市整合多重旅游资源打造了大运河景观带项目，形成了集风貌保护、文化展示、观光休闲于一体的运河文化旅游风貌区。

二、沧州市大运河文化带保护现状

建设好大运河文化带，保护是基础。沧州市秉承对大运河文化遗产实行整体性保护的原则，发挥水工遗存的功能价值，保护大运河附属遗存，保持大运河相关遗存的传统格局和历史风貌，维护大运河的自然生态和景观环境。

宏观上，政府不断加强大运河文化遗产的保护和管理利用，将大运河遗产保护纳入本市国民经济和社会发展规划，出台相关保护文件；将大运河文化遗产保护经费纳入财政预算，并鼓励通过社会捐赠等方式筹集大运河文化遗产保护资金。具体而言，大运河文化带的保护工作主要体现在生态环境保护、历史物质文化遗产保护和非物质文化遗产保护三个方面。

（一）生态环境保护现状

近年来，沧州市全力推进大运河沿线绿化工程，沿河道建设绿廊，形成沿线森林公园、采摘园、生态休闲园等绿色园区。如沧州市东光县在大运河沿线形成了万亩生态林带，使周边生态环境得到极大改善。沧州市在大运河沿线初步形成了"林水相依、绿廊相连、绿块相嵌"的绿色长廊。

在进行大运河沿线绿化的同时，沧州市重点组织大运河周边形象提升工程。如大运河生态修复与环境卫生整治工程展示区之前是河滩荒地，在工程启动后，不仅保留了原有树木和地形地貌，而且还利用运河清淤工程堆积的土方，铺设了优质耐碾压品种草皮；同时，布设景观照明灯、座椅、售卖亭等便民设施，打造广大市民休闲锻炼、娱乐健身的新空间。青县则充分利用境内河网密布、水茂丰足的优势，积极开展水环境治理和水生态修复工程，突出抓好"截、清、治、管"四个方面，水面实现了"水丰、水清、水美、水活"。可以说，在保护的基础上，大运河沧州段迎来了涅槃重生的新时代，越来越多的市民也开始享受到运河带来的"红利"。

但从大运河水质来看，情况并不乐观。沧州市南运河水系主要干支流 2016 年 5 月至 2017 年 4 月 23 项指标的监测数据结果表明，南运河地表水污染较重，受上游来水影响较大，水质主要由一个主成分组成，主要污染源为生活和农业污染。[1] 由此可知，在改善环境的同时做好大运河水质的提升成为当前一项紧迫任务。沧州市开展常态化巡查监测和引水期间水质监管，突出抓好南运河省考断面水质治理工作，确保考核断面水质达标；开展大运河流域涉水环境排查整治专项督导行动，对工业企业污水处理设施运行和污水排放等情况进行重点督导。[2]

（二）历史物质文化遗产保护现状

沧州市历史悠久，拥有大量的历史文化遗存，如连镇谢家坝、泊头火柴厂等是连接大运河两岸重要的文化遗存，见证着大运河周边历史的风貌。但随着岁月的流逝，如水月寺、幞头城等重要的文物被淹没在历史的海洋里。

大运河文化遗产包括四个部分：大运河河道本体；大运河水工设施遗存；大运河附属遗存；大运河相关遗存。大运河附属遗存包括如古建筑、近现代建筑、古遗址、碑刻、窑址等伴生历史遗存；

---

[1] 宋玉、刘健松、陈玲、郝明亮：《南运河沧州段水质污染特征分析及防治对策》，《环境与可持续发展》2018 年第 4 期。

[2] 《2019 年沧州市生态环境质量公报》，沧州市人民政府，http：//zwgk.cangzhou.gov.cn/article5_new.jsp? infoId＝824167。

大运河相关遗存包括历史街区村镇、工业遗产等。

另外，沧州市大运河沿线的历史物质文化遗存保存状况有好有坏，参差不齐，总的情况是河道、水工设施遗存、碑刻、古建筑类保护较好，遗址类保护保存状况较差。总体来看，沧州市大运河沿岸历史物质文化遗产保存效果并不理想，仅有少数历史遗存能够得以保存原来的面貌（见表7-1）。

表7-1　　　　　　大运河沧州段沿线主要历史遗存

遗产名称	遗产类型	保存状况	文物级别	年代	地区
连镇谢家坝	水工遗存	原物保存较好	国家级文物保护单位	清	东光
捷地减河	水工遗存	——	不详	始建于明，后重修扩建	沧县
四女寺减河	水工遗存	——	不详	始建于明，后重修扩建	吴桥
兴济减河	水工遗存	——	不详	始建于明，后重修扩建	青县
马厂减河	水工遗存	——	不详	始建于清，后重修扩建	青县
安陵枢纽	水工遗存	原物保存较好	不详	1972年	吴桥
肖家楼枢纽	水工遗存	原物保存较好	不详	1960年	沧县
东南友谊闸	水工遗存	原物保存较好	不详	1958年	东光
北陈屯枢纽	水工遗存	原物保存较好	不详	1971年	市区
捷地分洪闸	水工遗存	完全重建	省级文物保护单位	始建于明，1933年重建	沧县
周官屯水利穿运枢纽	水工遗存	原物保存较好	国家级文物保护单位	1966年	青县

续表

遗产名称	遗产类型	保存状况	文物级别	年代	地区
东光码头遗址与沉船点	码头遗址	原物异地保存	不详	宋	东光
澜阳书院	近现代重要史迹	原物保存较好	省级文物保护单位	不详	吴桥
马厂炮台及军营遗址	近现代重要史迹	部分原物保存较好	国家级文物保护单位	清	青县
泊头火柴厂	近现代重要史迹	原物保存较好	非文物保护单位	1908年	泊头
正泰茶庄	近现代重要史迹	原物破坏严重	省级文物保护单位	1914年	市区
青县铁路给水所	近现代重要史迹	原物保存较好	省级文物保护单位	清末	青县
吕宅	近现代重要史迹	原物破坏严重	市级文物保护单位	清	市区
沧州旧城遗址	古遗址	原物破坏严重	省级文物保护单位	西汉	沧县
沧州檾头城遗址	古遗址	原物破坏严重	不详	明	市区
水月寺遗址	古遗址	原物不存	市级文物保护单位	明	市区
泊头齐家堰窑址	古遗址	原物不存	不详	明	泊头
青县南姚庄村东遗址	古遗址	原物不存，但遗址可考	不详	元	青县
东光孙家园遗址	古遗址	原物不存，但遗址可考	不详	汉	东光
窑厂店古砖窑遗址	古遗址	原物不存，但遗址可考	非文物保护单位	明	吴桥
苦井甘泉	古遗址	原物保存较好	市级文物保护单位	不详	吴桥

续表

遗产名称	遗产类型	保存状况	文物级别	年代	地区
吴桥唐槐	古遗址	原物保存较好	非文物保护单位,但已纳入特定保护范围	唐	吴桥
三里井卧槐	古遗址	原物保存较好	非文物保护单位,但已纳入特定保护范围	不详	吴桥
安陵古城遗址	古遗址	原物不存,但遗址可考	非文物保护单位,但已纳入特定保护范围	唐	吴桥
东空城遗址	古遗址	原物破坏严重市县	市县级文物保护单位	宋	青县
范丹居	古遗址	原物破坏严重	非文物保护单位	东汉	南皮
古皮城	古遗址	原物破坏严重	非文物保护单位	秦汉魏	南皮
孙膑石牛	石刻	原物异地保存	省级文物保护单位	明	吴桥
沧州铁狮子	石刻	原物异地保存	国家级文物保护单位	五代	沧县
南皮石金刚	石刻	原物保存完好	省级文物保护单位		南皮
捷地石姥姆座像	石刻	原物异地保存	市县级文物保护单位	明	沧县
捷地乾隆碑	石刻	原物保存较好	市县级文物保护单位	清	沧县
刘焘墓	古墓葬	原物破坏严重	市县级文物保护单位	明	城南
张缙墓	古墓葬	原物破坏严重	不详	明	市区

续表

遗产名称	遗产类型	保存状况	文物级别	年代	地区
兴济张氏墓群	古墓葬	原物破坏严重	不详	明	市区
沧州市西花园墓群	古墓葬	原物破坏严重	不详	宋	市区
赵兵部墓	古墓葬	原物保存较好	省级文物保护单位	明	青县
大邵庄汉墓群	古墓葬	原物破坏严重	市县级文物保护单位	汉	青县
泊头清真寺	古建筑	修旧如故	国家级文物保护单位	明	泊头
沧州清真北大寺	古建筑	完全重建	省级文物保护单位	明	市区
沧州文庙	古建筑	原物保存较好	市县级文物保护单位	明	市区
东光铁佛寺	古建筑	完全重建	省级文物保护单位	北宋	东光
二郎岗永清观	古建筑	完全重建	市县级文物保护单位	明	东光
盘古祠	古建筑	完全重建	非文物保护单位	始建于元，1997年重建	青县
杜林石桥	古建筑	原物保存较好	省级文物保护单位	明	沧县
捷地清真寺	古建筑	完全重建	市级文物保护单位	始建于明代后期，1981年重建	沧县
孙福有故居	古建筑	原物破坏严重	省级文物保护单位	1934年	吴桥
剪子屯沉船点	沉船点	原物异地保存	不详	——	东光

其中，连镇谢家坝、青县铁路给水所、沧州文庙等保存较好；近年来，政府对大运河沿线建筑进行了修缮，使部分文化遗存得以保存，如吕宅、沧州清真北大寺、泊头清真寺、正泰茶庄等；但是也有部分遗存受到严重破坏，如幞头城，水月寺等。在这种背景下，沧州应该梳理大运河文化遗存，系统制订完善的文物保护工作方案。

(三) 非物质文化遗产保护现状

运河沿岸丰富的非物质文化遗产不仅是沧州历史的积淀，也是城市发展过程中重要的文化资源。沧州大运河沿线非物质文化遗产呈现出种类丰富、特色鲜明、文化艺术价值较高等特点。如历史悠久的吴桥杂技、沧州武术、泊头铸造技术、河间歌诗、青县哈哈腔、八极拳、六合拳、运河船工号子等，均是大运河沿岸优秀的非物质文化遗产，具有较高的历史和文化价值。

随着时间的流逝，在现代化和城市化的冲击下，很多优秀的非物质文化遗产，面临技艺消亡、后继无人等危机。虽然近年对非物质文化遗产保护的力度不断增强，吴桥杂技、沧州武术这两项非物质文化遗产有了更广阔的发展空间，但沧州本地居民对这些珍贵的运河文化遗产的保护意识却越来越淡薄。据统计，十几年前沧州市区内有数十家武术学校，许多人从小练习武术来强身健体。而今天，这种武术文化氛围在沧州市区并不浓厚。吴桥杂技虽然深受大众喜爱，近几年杂技表演逐渐变少，只有在吴桥杂技大世界以及一些集会上才得以见到，部分杂技技艺也面临失传的危机。运河船工号子是运河漕运功能的直接体现，因运河航运功能的丧失，这项非物质文化遗产同样面临失传的危险。①

面对上述状况，沧州市也积极开展非物质文化遗产的保护工作。沧州国际武术节于2010年正式升格为国家级节庆和国际级赛事；中国吴桥国际杂技艺术节也已经迈入国家级艺术节的殿堂，成

---

① 秦博闻：《沧州京杭大运河沿岸景观风貌改造与更新研究》，天津大学2017年硕士论文。

为我国杂技艺术领域规模最大、规格最高的国际杂技艺术节。这两大节事对武术文化和杂技文化的传承发挥了积极的促进作用。与此同时，沧州近年来对运河船工号子、河间歌诗等濒危项目进行抢救和复兴。比如，针对一些掌握歌诗素材及会用古韵吟唱《诗经》的人年事已高、传承出现困难的状况，有关组织对歌诗笙谱进行抢救挖掘和记录整理，并对传承人的作品进行录音、录像、拍照和文字记录，把传承人的作品、歌唱活动、传承活动、日常生活情况等进行全景式记录储存。

2017年，沧县文化馆组织了沧州落子的培训活动，以乡村教师、乡村文艺骨干为培训对象，传承这一非遗成果。2020年6月，沧州博物馆与市群艺馆联合举办"大运河文化带（沧州段）非遗项目"展览，宣讲大运河的民俗和非遗文化，对吴桥杂技、沧州武术、沧州落子、木板大鼓等国家级和省级非遗项目进行了集中展示。

总体来看，沧州市积极围绕运河做文章，政府主导的大运河文化带建设已经取得阶段性成效，切实提升了城市建设品质和公众生活质量。但从非物质文化遗产保护现状看，还存在经费不足、人员配备不足、普查统计不全面、民众意识淡薄等问题（见表7-2）。

表7-2　**沧州市国家级非物质文化遗产名录**

序号	批次	项目名称	项目类别
1	第一批	沧州木板大鼓	曲艺
2	第一批	河间西河大鼓	曲艺
3	第二批	盐山千童信子	民俗
4	第一批	河间歌诗	民间文学
5	第二批	辛安庄民间音乐会	传统音乐
6	第一批	青县哈哈腔	传统戏剧
7	第二批	河间皮影戏	传统戏剧
8	第三批	西路梆子	传统戏剧

续表

序号	批次	项目名称	项目类别
9	第二批	沧州落子	传统舞蹈
10	第二批	沧县狮舞	传统舞蹈
11	第二批	黄骅麒麟舞	传统舞蹈
12	第一批	吴桥杂技	传统体育、游艺与杂技
13	第二批	燕青拳	传统体育、游艺与杂技
14	第一批	沧州武术	传统体育、游艺与杂技
15	第二批	孟村八极拳	传统体育、游艺与杂技
16	第二批	劈挂拳	传统体育、游艺与杂技
17	第三批	六合拳	传统体育、游艺与杂技
18	第二批	泊头传统铸造技艺	传统技艺

三、沧州大运河文化带的文化传承

（一）沧州大运河文化带武术文化的传承

自隋朝大运河开凿，运河航运兴起以后，沧州"居九河之险，通八省之衢，辖漕运之咽喉"，[①] 境内多地成为历代商品货物运输的必经之地，为货物保驾护航的镖行也逐渐增多，如《沧县志》中描述："白山黑水之间，尤为吾沧镖客肩摩之地，是亦沧人之特色也。"

明末清初，沧州武术已经十分兴盛。据统计，沧州在明清时期出过武进士、武举人1937名，源起或流传沧州的拳种达53种之多，占全国127个武术拳种的40%。如沧州孟村人丁发祥，是明清武术家、八极二代宗师，康熙年间到北京登台打擂，一举击败沙俄

---

① 中国人民政治协商会议任丘市委员会：《任丘文史资料》（第1辑），1988年印行，第115页。

第七章　沧州市大运河文化带发展现状及策略

大力士；沧州南皮人霍殿阁，因击败日本武士成为宣统皇帝的武术教官；被称为"大刀王五"的王正谊，与霍元甲、黄飞鸿等人并称晚清十大高手，帮助谭嗣同变法维新。时至今日，还有很多沧州籍的武术运动员在国内外大型比赛驰骋、为国争光。武术文化已经深入沧州本土文化并借助节庆活动、民间社团及教育组织不断发展壮大。目前，沧州地区拳社林立，开设了 200 余个，有八极拳社、燕青拳社、通臂拳社、劈挂拳社、六合拳社等八种拳社，其中八极拳社招收学员 3600 余人。全民尚武、全民参与的武术文化仍被延续。

（二）沧州大运河文化带杂技文化的传承

吴桥是我国杂技艺术的发祥地之一，被誉为杂技艺术的摇篮。吴桥杂技的兴起和发展与运河有着极其密切的关系。大运河吴桥段完好保持着原始的运河景观，目前在吴桥已发现遗存四处大运河码头遗址：桑园镇码头、安陵镇码头、赵家茶棚码头、第六码头。明朝时，运河运量由元朝丰水年 200 万石，增加到仅漕粮就有 300 万石左右。① 运河漕运的发达也促进了沿河商业与服务的发展，吴桥杂技从艺人以运河两岸为主要表演和经营范围，沿街流动演出。后来这些杂技从业者在运河两岸落地生根，逐渐发展为各具特色的门派类别，并借由运河走向了全国和世界"小小铜锣圆悠悠，学套把戏江湖走。南京收了南京去，北京收了北京游。南北二京都不收，条河两岸度春秋……"一首杂技人行走江湖的歌谣在吴桥传唱了千年。②

吴桥民间有"纪晓棠学艺吕洞宾"的传说，如"仙人摘豆""罗圈荡荡""空壶取酒"等技艺传说均有吕洞宾传于纪晓棠后传于世间。所以吴桥杂技艺术将吕洞宾奉为行业神明，每逢大事或重

---

① 韩红雨：《国家与社会视野下沧州武术研究》，人民体育出版社 2018 年版，第 115 页。
② 《吴桥杂技大世界，吴桥印象》，http：//www.wqzjdsj.com/impression-news-detail.html？id=15479&channelCode=csjq&code=wqwh。

要表演要祭拜吕祖以保平安。此外还有一些行业禁忌，如不允许说忌讳的话（称为"放了快"）、不允许做忌讳的事（如"花子看把戏不收钱""铜锣不能扣着放"）等。吴桥杂技主要经由师傅带徒弟、家族传承、小科班三种方式进行传承。吴桥有很多家族几代人在传承杂技技艺。如刘家刀山班，传承140多年，班主是"刘家刀山班"第三代传人刘国栋，带领家族先后在国内国际进行演出。而杂技学徒学艺一般会首先立字据保证学习的时间、学费和一些责任义务。小科班采用的则是集体上课授艺，现阶段吴桥很多杂技班采用的是小科班，免费招收学童进行训练。

(三) 沧州大运河文化带《诗经》文化的传承

沧州的《诗经》文化资源十分丰富，如《关雎》中描述的"在河之洲"正是现在沧州县级市河间。另外，《诗经》的主要采集者、重要作者之一尹吉甫，其墓地位于河北沧州南皮县，也是河北省重点文化保护单位。西汉时期，著名的经学家韩婴，沧州任丘人，他的诗歌主要流传于燕赵一带，其作《韩诗外传》也是解释《诗经》的著作。大小毛公"搜求古籍、设帐收徒"，形成了古文经学的"毛诗"学派。自此之后，经过北魏高允的《毛诗拾遗》，明朝任丘张忠的《诗辨疑》、河间提桥《诗说简正录》，清朝献县纪昀《毛诗广义》等的传播，沧州地区的《诗经》文化逐渐兴盛。①

2014年，全球百余位《诗经》研究学者齐聚沧州河间祭拜毛公墓。近年来，河间市为了传承《诗经》文化，先后建设诗经公园、瀛洲公园，并全力打造国内首家以《诗经》文化为主题的博物馆。诗经公园以《诗经》文化为载体打造，包括群众健身、诗经博物馆、步行文化街、庆典广场等。其中诗经阁是全园的中心与高点，主要功能为《诗经》古籍资料的保存、展览与研究。

---

① 魏建华、王洪志、范铮：《沧州〈诗经〉文化资源及其实现》，《沧州师范学院学报》2014年第2期。

（四）沧州大运河文化带运河文化的传承

大运河是沧州的母亲河，它见证了泊头火柴厂和铸造业的兴盛，也见证了太平军连镇兵败等历史事件。沧州人直到中华人民共和国成立前还一直在喝黄河水，沧州风俗中的遛百病、放河灯等留有大运河的影子。南运河南北贯穿于沧州全境，很多村镇的名字来源于运河，如：泊头、西砖河、东砖河、白家口等。

"防汛文化"是沧州运河两岸居民数年来与大运河相处并存的生活实践中凝结出的特色文化。1960年以前大运河的大白洋桥段是一个弦弓湾，一到桃花汛、麦黄水、"秋傻子雨"汛期，运河水就波涛汹涌，岸堤险象环生，运河两岸居民采取了"楗子测水漏""挂柳护坡""打土牛""传签巡逻"等方式与洪水搏斗，形成了具有特色的防汛文化。20世纪60年代，为了治理南排河，当地政府和人民在河上建造了倒虹吸水利工程，当时号称亚洲最大的倒吸虹水利工程，仅在1976年，倒虹吸水量达4.2亿立方米，可为当地农田浇灌70多万亩。直到今天，南排河倒虹吸水利工程仍横跨于南排河之上，发挥着它的作用。

"运河号子"是另一特色文化。沧州大运河船工号子是大运河流域的船工们在长期的苦累劳动中创造并传承下来的一种口口传播的民间歌谣。主要类别有"打锚号、打蓬号、拉冲号、拉纤号、闯滩号、撑篙号、摇橹号、绞关号、警戒号、联络号、出舱号"，其演唱形式多是采用号头领唱、众船工合唱帮腔。2007年，沧县船工号子被列入沧州市第一批市级非物质文化遗产名录，但由于运河漕运功能的衰退和社会经济的变迁，运河船工号子已经成为绝响。

"靠漕吃漕"同样是大运河特色文化，反映出社会生活的另一面——靠山吃山，靠水吃水。随着运河两岸经济贸易的发展，出现了以抢夺、偷盗为生的民间匪患团伙，通称为"吃漕的"。吃漕方式"非偷即抢"，他们的目标既有负责漕运的官船，也有以运河商贾为主业的民间船只。此外，运河两岸出现了专门抢劫粮船的

"粮帮混子"。①

(五) 沧州大运河文化带非物质文化遗产的传承

目前，沧州市有国家级名录项目代表性传承人15名、省级非遗项目传承人101名。以国家级非物质文化遗产为例，如曲艺类别的沧州木板大鼓、河间西河大鼓；传统体育游艺的孟村八极拳、劈挂拳、燕青拳、六合拳；传统戏剧青县哈哈腔、河间皮影戏；传统舞蹈沧州狮舞等。这些非物质文化遗产不仅具有深厚的文化积淀和历史价值，还具有非常灵活的表现形式，有助于促进地方文化旅游产业的繁荣发展。

2020年9月24日，"流动的文化——大运河非遗大展暨第六届京津冀非遗联展"在沧州市大运河生态修复区举办，186项京津冀非遗项目在线上、线下同步开启。沧州吴桥石影雕、泊头火柴、师蜂堂中医诊疗等大运河地域特色非遗项目与北京景泰蓝、京剧脸谱、天津泥人张、石家庄藁城宫灯等非遗项目共同展示，丰富了运河文化旅游路线与内容。

四、沧州大运河文化带的文化利用

(一) 沧州大运河文化带文化精品生产与创造

沧州各界文艺团体组织加强对大运河沿岸、大运河主题等相关文艺创作的支持。2017年，正值沧州建立1500年，由沧州市委宣传部主办，沧州市文联、沧州市摄影家协会承办大型摄影展"我们的大运河——沧州记忆"搜集与运河有关的老照片2000余张，展出130张，从多角度展示了古运河畔沧州百余年的历史和人文变迁。2018年，东光民间泥塑艺人王龙岗、陈淑珍夫妇历时两年创

---

① 中国社会科学院近代史研究所近代史资料编辑室：《山东义和团案卷·近代史资料专刊（上册）》，齐鲁书社1980年版，第353~360页。

作出以大运河沧州段沿岸百姓日常生活为原型的"运河人",获得社会高度评价。2019年,由沧州杂技团倾力打造的中国首部以大运河为题材的大型杂技诗剧《一船明月过沧州》首演圆满成功。演出共分为《日落河空舟自流》《倦客归来沐清风》《身近海天依日月》《又闻长笛起苍穹》四个篇章,用历史名人"纪晓岚"串联节目,使整个演出巧妙地结合在一起。在传统的杂技表演中融入舞蹈,探索性地加入全息投影技术,引领观众沿大运河见证沧州历史和风土人情。在艺术剧目中将运河文化、运河风情和运河图景编制成一幅秀美画面,真正做到了运河文化的传承。

2019年11月,中国画写意艺术研究会在沧州博物馆举办画展,推出迄今为止沧州运河的最长画卷《大运沧州盛景图》,这幅画卷长21.6米、高2.15米,涉及人物千余个,它穿越时空、鸟瞰大地,联结历史、现在和未来。2020年1月沧州美术馆举办"千年运河,诗意沧州"主题书画展,展出共200余件书画作品,内容集中在对《诗经》和运河的吟咏。沧州博物馆以"知运河历史,讲运河故事"为主题,重磅推出《2020年沧州博物馆大运河巡回展》,通过应"运"而生、智慧运河、运河之"运"、运河之"韵"、运河诗词鉴赏和运河绘画征集六大部分展示运河的发展历史和文化。民盟沧州市美术院以"画说运河"为主题,带领艺术家沿大运河两岸深入了解自然风貌、风俗人情,实地考察、写生,推出了数幅以运河为主题的艺术精品,并在沧州市文化艺术中心展出。

(二) 沧州大运河文化带特色小镇文旅建设与发展

1. 吴桥杂技文化名镇

近年来,吴桥县联合各方社会资本与力量,打造了以"吴桥杂技大世界景区""河北古籍印刷博物馆""吴桥酒章文化产业园""吴桥杂技文化服务中心""吴桥杂技山水田园综合体""吴桥安陵田园综合体""吴桥国际杂技旅游文化产业园"七大项目为主体的吴桥杂技文化名镇。还整合吴桥杂技各类产业载体资源,实现杂技艺术中心与杂技大世界的资源共享和市场互动,共同构建"杂技文化地标—文化生产—文化消费"的产业生态系统。

2. 东光生态文化名镇

东光生态名镇位于京杭大运河东畔,纵穿东光县东光镇、南霞口镇、连镇,以氧生园运动休闲森林公园为依托,建设了一条绵延20千米的绿色长廊,是一座集自然景观、人文景观于一体的生态型公园。此外,东光县结合铁佛寺景区名人文化园、马致远纪念馆、荀慧生纪念馆、元曲文化公园等文化古迹,打造以生态和人文为核心的全域旅游新面貌。

3. 泊头手工业文化名镇

泊头市前身为交河县,是闻名全国的铸造之乡。该市以王武、洼里王、寺门村、郝村等历史悠久的工艺铸造村镇为建设核心,打造中国工艺铸造产业示范区,大力扶持工艺铸造骨干企业,支持瑞福特、艺美、兴林等重点产业项目建设。

4. 沧州旧城遗址与铁狮文化名镇

沧州旧城又名狮子城、卧牛城,是唐至宋代遗址。沧州铁狮子,又称"镇海吼",于后周广顺三年(953)铸造而成。2019年,借沧州市旅发大会契机,沧县政府利用一年时间对铁狮子景区和旧城遗址进行环境治理和综合展示提升,建成沧州铁狮与旧城遗址公园,着力打造集遗址保护、历史传承、文化交流、民俗展示、生态休闲等为一体的文化名镇。公园一期占地252亩,主要有游客接待、考古勘探、古城印象、文化展示四大功能。

5. 兴济运河小吃名镇

兴济自古是重要的水陆码头,以"兴复汉室,兼济天下"而得名。大运河穿镇而过,在历史上留下了"乾宁八景"的人文遗风:神堤烟柳、范桥古渡、龙祠灵应、驿亭甘井、丰台夕照、西泊渔樵、洪寺晓钟、卫河秋涨。兴济运河小吃名镇，以兴济乾宁运河文化公园为生态依托，建设以集休闲观光、健身娱乐、美食体验为一身的综合田园体。在"运河小吃街"，汇集了以羊肠子为主要特色的漕运美食，不仅丰富了游客对运河文化的理解，也丰富了游玩体验和乐趣。

6. 沧州武术文化名镇

沧州武术特色小镇遵循"天下武家圣地，京津都市后花园，沧州文创新地标，区域发展新引擎"的目标导向，将生产、生活、生态三者融合，形成"产、城、人、文"四位一体，将运河文化、农耕文化、武术文化、禅修文化、城市经典记忆有机结合。其中，中国沧州武术文化园包括武术职业学院及武术文化园两部分。武术职业学院占地350亩，主要包括教学区、训练区、辅助教学区；武术文化园占地550亩，将文化景观、健身休闲、养生产品相结合，打造武术文化展示区、儿童运动体验区、武术民俗文化街及配套设施。

7. 青县红木文化名镇

2012年，青县被评为"中国红木家具之乡"。之后，又获得"运河古家具之都"的美称。青县红木文化特色小镇定位于"产业立镇，文旅兴镇"，先后引进清华大学美术学院、中国美术学院等单位的新中式设计顶级团队。小镇始建于河北中古红木文化产业园基础之上，位于青县流河镇，规划占地5.3平方千米，分两期建设。一期工程占地500亩，建筑面积43万平方米。已建成大运河红木文化展馆、沿街精品商业街、标准化生产车间、滨水古玩一条街等项目。其中，大运河红木文化馆记录了大运河上漂来的红木文化是如何依托千年运河、千年漕运、具有600余年历史的流河古驿在青县落地的过程，并不断传承发展。此外，小镇发挥青县旅游文化节等节会带动效应，传承明清古典家具文化，弘扬青县红木家具悠久历史，将青县红木文化与盘古文化、民间技艺文化相结合，提升文化旅游融合发展水平。

(三) 沧州大运河文化带生态与休闲文旅的开发

2015年，沧州市开始实行"大运河沧州市区段景观改造"的工程，一至四期工程分别进行"运河生态产业区""文化旅游功能区""都市休闲功能区""创意产业功能区"建设。2018年大运河生态修复区正式与公众见面，该区域范围北起鲸川路、南至王希鲁闸、西至堤顶路西侧、东至清池大道，河道长约3.61千米，用地面积约1200亩，使用草皮铺设面积约55万平方米，成为市区居民平日休闲娱乐健身的好去处。

2018年，以"千年杂技梦，百里运河图"为主题的沧州旅发大会召开后，沧州境内大运河流经县域纷纷进行大运河沿线的开发与利用。在东光氧生园森林公园，"健康快乐跑"的马拉松活动吸引了众多爱好者。这些生态综合体，集风貌保护、文化展示、观光休闲于一身，带动了大运河沿线文化与旅游产业的发展。

2020年4月，沧州市大运河文化发展带建设办公室提交的《关于沧州大运河文化旅游基础设施及生态修复提升改造项目可行性研究报告的申请》获批通过，目的是在位于沧州市主城区大运河两侧，东至清池大道，西至浮阳大道，南至石黄高速路，北至京沪高速路范围内进行大运河文化旅游基础设施的改造升级。其主要建设规模及内容为文化旅游与都市休闲区功能的建设与提升，分为：中心城区运河双侧46千米堤顶路贯穿整治提升改造工程；文庙清风楼片区的提升改造工程；人民公园、胜利公园连通提升工程；中心城区全面提升工程；解放路—九河路段河道周边绿化亮化提升工程；南湖水体治理及景观提升工程。相信不久的将来，又会有很多富有沧州特色的运河生态景观与休闲娱乐场所，让人民享受运河的生态红利。此外，运河景观带四期建设，预计投资143.99亿元，位于渤海路至永济路，规划为创意产业功能区，将主要建有智慧SOHO、影视乐园、智慧广场、文化创意环岛等。

（四）激活沧州大运河文化带文创产业

1. 打造文创核心功能区，激活民间文创发展新动力

在沧州市运河边的清风楼旁边集结了一群有手艺、有情怀的艺人，他们自发组织建立了一个文创市集——"清风市集"，在这里传承传统工艺、弘扬大运河文化。在市集中，有大运盛景文创版、花间手作《鲸川八景图》、手工扇"大运河十二节气"等各种作品展览售卖。清风市集成立一年来已发展成为拥有木艺、篆刻、陶艺、花艺、花道、布艺、木刻、画信、皮艺、工笔画、创意油画、羊毛毡、落画、软陶、饰品等100余个文创工作室和手艺人的大型市集，举办活动30余场次，辐射狮城3万余人，开展公益公开手工课100余节，3000余人感受传统工艺和手工魅力。在政府支持下，预计建成清风文化艺术创意市集园区，规划设计有：停车便服务民区域、国际青年旅舍旅行出差创业区域、咖啡西餐居酒屋区域、书馆美术馆展览馆艺术交流区域、文创手作成品区域、影视设计工坊区域、手艺人创作区域、清风市集举办活动整体区域。

2. 开展文创和旅游商品设计大赛，提供文创展示新平台

2019年河北省文创和旅游商品创意设计大赛顺利举行，沧州首次提交文创作品100余件。为了促进全市文化和旅游商品的创新与研发，2020年沧州市第二届文创和旅游商品创意设计大赛主题设置为"河海之城，沧州游礼"，活动围绕文化文物类、非遗类、乡村民俗类、重大题材类、生活创意类、融合创新类、红色创意类、景区和城市主题8个类别进行项目的征集和筛选，共征集作品331件。该比赛挖掘了更多具有沧州特色、运河符号的优秀文创产品，为引导文旅市场消费、满足游客购物需求、塑造沧州文旅品牌发挥了巨大作用。

3. 规划文创空间集群，吸引京津优秀人才

沧州市文化产业"十三五"规划制定范围为沧州市中心城区，

主要涵盖运河区、新华区、高新区、经济开发区等。以运河区北京路"双创一条街"、高新区大学科技园为双核，带动全市文创领域的创业创新。依托运河区北京路的沧州·中国文化大厦、旭弘大厦、韩商国际大厦及大运河众创空间、云众创空间等载体，重点吸纳广告传媒、文化创意、文化电商、文化科技等领域的创业团队。依托高新区大学科技园，发挥各类产业基金带动效应，积极引进文化信息技术、文化智能硬件、互联网等产业业态。支持沧州双引擎、黄骅新林坡等创业孵化基地发展。

五、沧州市大运河文化带发展策略

（一）大运河文化带发展面临的挑战

大运河遗产具有"活态性"，不但有着深厚的历史，还具有现实功能，具有跨区域的意义，具有相当的复杂性、多维性。2014年，第38届世界遗产大会中将"中国京杭大运河项目"纳入世界文化遗产名录。2017年两会，《关于建设大运河文化经济带贯通"一带""一路"两大板块的提案》使"大运河"再次成为关注的重点，大运河文化经济发展成为大运河经济带建设战略规划的重要构成。

沧州大运河是沧州重要的文化元素与符号。目前，沧州大运河文化带建设规划已逐渐步入正轨，沧州正在形成河海相济、生态产业双线发展的大格局。其中，大运河南北双城、北方运河、文武之城、社区营造，以运河特区、生态绿廊勾画城区运河边界；输水排洪功能让位黑龙港河；大运河畔国家非遗博物馆建设启动，等等。目前，沧州市十分注重对大运河非物质文化遗产的保护开发，结合举办旅游文化节、拍摄影视作品等方式来扩大大运河文化的影响力，但在发展运河文化过程中，仍面临着诸多挑战。

1. 协同发展机制不健全

大运河跨越中国多个纬度带，形成了多样的水域环境、土壤、

第七章 沧州市大运河文化带发展现状及策略

植被、气候、生物多样性及地域文化特征。大运河地跨6个省区，纵贯华北平原直达长江三角洲，不仅承担着航运、灌溉、疏水通道、旅游观光等经济功能，还兼具生态修复、文化承载等综合功能。大运河人文气息浓厚，历史遗产丰硕。也正因为如此，大运河区域发展由于缺乏战略性发展思维、运河管理条块分割，沿线城市各自为政，同质化趋势严重。大运河管理涉及水利、环保、规划、文物和宣传等多个职能部门，多头管理现象突出，缺少必要的组织、制度与政策保障。在各省市，大运河的保护基本上缺乏统一协调、统一规划、统一治理的机制，从而使大运河实际上成为各段各地的"小运河"。①

2. 大运河文化带建设力度不足，形式单一

大运河流经四省两市，其中，浙江、江苏对运河文化的开发利用较早，已经形成一定规模与品牌，河北、山东、河南和安徽以及天津等地，则仍停留在大运河的水质防护层面，与江浙两省的差距较大。沧州市作为大运河流经河北的重要一段，对现有文化资源的挖掘、规划制定、加强大运河文化产业、催生增量方面力度还稍显欠缺。因此，以大运河为主线，凸显融入当地的区域文化特色来形成当地特色的文化经济项目，才是擦亮城市名片的法宝。

区域之间的平衡发展是建设大运河文化带的基础。目前，各县市对于大运河文化带开发的步调不一致，文化旅游开发及大运河衍生产品存在同质化现象，一些大运河文化元素存在雷同，区域性差异不明显（见表7-3）。

表7-3　　大运河沿线部分城市文化产业发展指标

城市	文化产业增加值	占GDP比重（％）
沧州	41.57亿元（2019）	2.78

---

① 《三城市争相牵头大运河申遗》，新华网，http：//news.sohu.com/20070620/n250685582.shtml。

续表

城市	文化产业增加值	占GDP比重（%）
德州	149.62亿元（2018）	4.76
济宁	55.23亿元（2019）	4.34
郑州	111.87亿元（2019）	3.51
开封	38737亿元（2019）	5.69
宿迁	104.9亿元（2019）	4.03
常州	206.05亿元（2018）	5.8
苏州	1015.5亿元（2016）	7
嘉兴	162.17亿元（2015）	4.5
杭州	3347亿元（2018）	24.8
宁波	586亿元（2016）	6.86

由表7-3可见，所列各城市文化产业增加值和GDP比重呈现城市间差异还是不小，文化增加值大的城市对于大运河文化资源的开发程度本身就高，比如杭州。沧州市文化产业增加值和GDP比重不足，说明目前对于大运河文化带的建设进步空间仍然很大。

此外，在重视程度、产品开发水平、文化挖掘以及整体保护方面，大运河自身蕴含的巨大的文化价值尚未完全转化成经济价值。大运河遗产地旅游成熟度非常低，缺乏旅游设施和游客管理制度，不能大批量吸引游客。目前，沧州市结合本地资源，打造了一些与旅游业相关的文化品牌产品，但总体上还有很大开发空间。

3. 文化遗产自然资源保护欠缺

从目前来看，大运河文化遗产面临着诸多挑战。通常人们为了带动地方经济发展，对文化遗产资源进行过度利用与掠夺性索取，使文化遗产丧失了历史真实性与风貌完整性。沧州市政府部门、社会各界就大运河遗产保护的重要价值和保护需求达成了共识，但是"重申报、轻管理"的保护理念使得后续管理不济。在运河文化带的保护过程中，过于考虑美化，而破坏了堤岸的自然形态，造成地方性物种丧失，破坏了生态多样性。在沧州大运河旅游管理中，出现了管理不善、监督管理不到位等问题，缺乏有效的管理机制，对大运河周边的历史遗存和文化景观的破坏难以做到统一协调。尤其是城市化进程的加快使得遗址保护与经济效益产生矛盾和冲突，造成大运河保护主体出现了"重利益而轻文化"的局面。

为了沧州大运河在建设过程中的完整性，要注重大运河的历史文化价值，防止新造景观让古运河失去原貌。目前，在运河建设中有地方利用钢筋混凝土对河堤进行固化，用栏杆围起两岸，并修建广场和绿化带等，使之成为市民休闲娱乐的场所，具有明显的现代气息，且人工化痕迹过重，运河失去了原有的历史风貌和文化特色，进而导致其历史价值逐渐消失。这表明，沧州大运河对于大运河的开发仍停留在浅层，缺乏统一规划，岸线不能高效利用。

4. 公众缺乏认同感

目前，沧州市对大运河的治理依旧采用传统的自上而下的管理模式，大运河作为活态的线性文化遗产，文化类型种类繁多，状态各异，在传承保护利用方面不仅迫切需要懂法规、善沟通、能策划、跨领域的复合型专业人才，更需要大运河文化遗产保护利用与当地环境协调，与当地居民生活适应，提升全社会对大运河文化的认同感。在大运河文化建设过程中，很多问题与没有形成规范科学的公众参与机制有关。

另外，在大运河文化保护方面，资金投入不足、激励机制缺乏、监督机制不健全等问题也仍然存在。大运河的有效治理是实现建设运河文化带的前提，转变自上而下的管理模式，政府需要积极地与外界双向互动，开放更多的公共参与机会和渠道，不断汲取外部资源，开拓人力、物力和财力，以优化资源配置。

（二）沧州大运河文化带发展规划策略

大运河是世界上最长的人工河流，也是世界上最古老的运河之一。在2000多年的历史进程中，大运河以其"舟楫之利，以利不通"，带动了大运河两岸经济、文化、社会的高度发展，形成了一条横亘南北的遗产长廊。可以说，建设大运河文化带，助力地区发展转型升级，已成为社会共识。

1. 设计大运河文化带顶层综合战略规划

首先，大运河要搭建协作平台，树立一体化推进的发展理念。将大运河文化带建设工作纳入各级党委和政府重要议事日程，建立定期会商、协调、联动机制，形成党委统一领导，党政群协同推进，由有关部门各负其责走向政府主导，各类团体、组织、企业共同参与的理想局面，实现沿线区域的经济建设与文脉的传承，运河保护与发展的结合，树立运河沿岸地区综合保护利用的典范。大运河文化经济带建设应秉持着继承、保护、开发与创新一体化推进的发展理念，处理好"文化、旅游、生态、社会"之间的辩证统一关系，进一步提升大运河保护建设的系统性、针对性、操作性与创新性，实现"文化、旅游、生态、社会"四位一体式发展。成立大运河管理委员会，引导地方形成省、市、县、乡、村五级保护管理体系，明确工作职能职责，总体上统筹省级层面大运河文化带建设总体规划，确定大运河遗产保护标准、保护重点和保障措施，确保各遗产点、段具备良好保护环境和保障条件；注重在文物保护推动方法上下功夫，以节点保护带动线路保护、结合具体情况，实行分类指导、分级保护。以重点保护带动面上保护，以示范保护带动整体保护。建立健全相关制度，加强对规划落实情况的监督指导和检查评估。

其次，要高度重视大运河文化遗产的保护和继承。大运河是一条文化河，有深厚的文化底蕴。大运河是最能展示中华民族智慧与勤劳的人工工程，历史上它是沟通南北的通道，发挥着漕运功能，如今依然承担着南水北调东线工程的重任。流动的大运河见证了沿岸文化的兴衰，催生了依河而居的人们的精神生活、生存方式、行为模式和文化观念，推动了艺术的发展和大运河两岸独特文化的形成，留下了大量的文物古迹。大运河作为活态遗产，必须尽最大可能保留历史文化信息及其环境，坚持统筹兼顾的原则，妥善处理"文化、旅游、生态、社会"之间的关系，既保护历史文化，也保护运河的生态空间,以协调建设大运河文化经济带。

最后,要合理开发大运河文化资源,培育大运河文化经济带,带动大运河及其沿线城市的发展。大运河的文化资源不只有物质层面的卓越水利技术工程、古塔古镇等文物遗存,还有因大运河而兴的大运河文化圈、名人艺术、风俗宗教等非物质文化遗产。目前,沧州市大运河文化带的发展还需从以下方面着力:深入研究与发掘大运河文化历史;构建大运河文化传播载体,加强大运河沿线遗产节点文物标识的设置;丰富大运河文化的宣传形式等,讲好大运河故事,传播大运河文化,凸显线性文化遗产的独特光彩,宣扬大运河的价值与内涵,增强沧州大运河在全国乃至国际的知名度。

2. 加大运河文化资源的深度挖掘

大运河是我国文化建设和经济发展核心载体的空间依托之一。"作为文化遗产的大运河不仅具有自身的本征价值(即文化价值),而且具备功利性价值。"[①] 文化遗产具有历史、艺术科学和文化价值,应该受到国家和民族的保护,作为人类文明的见证而永久保存并世代相传。大运河的漕运功能将运河沿岸的艺术作品带往其他地区,对南北文化交融产生了深远影响。运河文化作为一种独特的河流文明谱系存在,具有非常丰富的文化资源,这些都需要深度挖掘。

大运河沧州段由南向北穿越8个县区。沧州市应秉持"还河于民"的理念,以大运河文化带为轴线,全力修复改善生态环境,把大运河沿线打造成璀璨文化带、缤纷旅游带。结合运河沿线各县(市、区)的产业特点、文化优势和生态资源,积极推进文化、产业和旅游融合,谋划"一线多珠"发展格局。

沧州对于大运河文化带的建设,主要从以下方面展开:第一以运河沿岸文化遗存为主体,形成大运河文化遗产核心带,以大运河

---

① 李飞:《廊道遗产:时空演变与保护开发研究》,南开大学出版社2017年版,第1~10页。

文化观光体验为基础,加强文化休闲度假、民俗体验、古镇体闲度假的产品类型,同时开发考古科普、文化专项旅游项目,构建文化产业和旅游产业;以大运河为主轴,以文创业、旅游业、生态业、演出业、文博业、体育业、影视业等为业态载体,建设国内领先、国际知名的大运河文化旅游、文化创意产业带;充分调动运河各相关机构的联动积极性,建设特色小镇、遗址公园、美丽乡村、运河文化博物馆、水利风景区、运河文化艺术产业园等,加强大运河文化产品及品牌建设和推广。

第二,定期举办大运河文化研讨会、非物质文化遗产研讨会,推动沧州大运河文化研究的国际影响力。统筹大运河沿线城市专题性博物馆、遗址公园建设等,整合形成兼具整体影响力和地方鲜明特色的大运河博物馆群(带)。注重大运河沿岸公共绿地、广场、景观大道、生态廊道及景观公园等公共空间与运河的空间关联,提升大运河两岸建筑风貌;以点面结合的方式整体塑造沿河特色风貌,为市民游客提供健身休闲等游憩场所;策划观光、体育运动、旅游、特色美食、民俗表演等活动,呼吁公众参与,提升公众对于大运河文化带建设的参与度;加快建设遗址博物馆,全面展示运河遗产保护成果,形成全面完整的运河文化解读系统。

3. 建设大运河文化经济带

文化是经济发展的重要组成部分,也是世界经济运作方式与条件的重要因素。随着时代的发展和国家整体战略逐步推进,文化与经济两者之间的多元融合度愈加紧密。只有充分发挥大运河文化遗产的经济集群效应,实现文化与经济的融会贯通,激发运河文化的经济潜能,才能推进大运河文化遗产资源从单一的文化属性向复合型资源模式转化,进而推动运河沿线地区的文化、生态、城建、经济、社会全面协调可持续发展。

沧州是座文化占城,应以大运河文化带为契机引领推进文化与旅游深度结合,由大运河旅游带动大运河文化相关的产业发展。大运河有着鲜明的文化资源优势,有利于开发各类大运河特色主题旅游路线。沧州市可以依托大运河文化资源,在原有旅游路线的基础上打造出与大运河文化相关的旅游路线。一方面，在对大运河进行保护和修缮的过程中可以开发多种旅游体验模式，增强大运河沿线的景点游览度，提升大运河的旅游体验。另一方面，将大运河人文风情和自然风光相结合，打造各类特色主题旅游路线。

（1）依托旅游建设大运河休闲度假区。在大运河文化旅游打造特色路线的同时，也扩展了旅游资源的内涵。沧州结合大运河周围的古镇、园林、历史街区，将大运河旅游与当地的休闲、度假、商业融为一体，打造运河特色小镇，建设休闲度假区。沧州还学习其他地区的成功经验，如苏州在完善水上观光旅游产品的同时，形成苏州水上旅游整体联动的格局。这些都是以大运河为依托，将沿线资源优化整合，串联起观光、休闲、商业等多功能的旅游模式。

（2）注重运河旅游文化内涵的发掘。相比于有形的自然风光、历史遗迹等，对大运河非物质文化遗产的运用则可以增添大运河旅游的内涵。沧州大地物华天宝、人杰地灵，有数不尽的文化遗产。因此，应以建设大运河文化带为契机，积极挖掘非物质文化内涵，将其与宣传发扬大运河文化相结合，通过举办美食节、摄影展、诗词大会等；拍摄宣传片、影视作品等加深文化旅游深度融合，提高文化旅游的趣味性，通过文化活动带动大运河旅游热度，也提升公众对大运河旅游的关注度与参与度。

4. 搭建大运河文化带技术平台

当今新媒体飞速发展，各种数字化、网络化、智能化等现代科技融入大运河文化带建设过程中，可以更好地助力文化产业升级。沧州市应加大文化技术设备的投入，依托高科技增强对文化产业的改造，提升文化产品与服务设备的质量。

在沧州市大运河建设中，应利用地区公共空间、文化和历史景观、环境和生态意识等，构建互联网时代大运河文化经济发展格局。积极打造大运河文化精品"IP"，把新的VR技术、数字化技术和3D场景技术应用到大运河数字化建设中，形象生动地再现大运河的重要场景，努力增加科技含量和互动的元素，吸引人们的兴趣。利用互联网平台，打造沧州大运河文化带"App"、微信公众号、专题网站等，利用现代科技更好地展示大运河的历史与现在。

第八章　衡水市大运河文化带发展现状及策略

2014年在大运河申请世界文化遗产的过程中，河北省有"两点一段"被纳入大运河文化遗产主要申遗点和申遗线路，这"两点一线"就包括衡水市景县"华家口夯土险工"和南运河沧州—衡水—德州段94千米遗产段。衡水市大运河主要为大运河河北段的南运河，主要流经与沧州和德州接壤的景县和故城两个地区。大运河衡水段作为大运河河北段与山东省接壤的地区，拥有保存较为完好的堤防体系，是我国大运河不可或缺的重要文化遗产。

一、衡水市大运河文化带整体概况

大运河衡水段流经景县、故城和阜城三县，由故城县南部入境，从阜城北入沧州境。区域内的重点河段有：阜城霞口镇、码头镇，景县安陵镇，故城郑口镇和建国镇等，全长179.5千米。其中，故城县河道长75.2千米、景县河道长73.2千米，是大运河衡水段流经的重要区域。

（一）大运河衡水段的基本情况

大运河衡水段的主要文化遗存有：景县华家口村的"华家口夯土险工"、故城县郑口镇的"郑口挑水坝"和"清代大运河山西会馆遗址"、头屯村的"黄窑遗址"等。尤其是位于景县安陵镇华家口村东侧的"华家口夯土险工"，为清宣统三年时任知县的王为仁主持修建，2009年被列入中国大运河申报世界文化遗产预备名单,2014年被定为世界文化遗产。

(1)故城段。

大运河故城段属卫运河,秦汉时期称清河,为黄河故道,民国后始称卫运河。卫运河由上游的漳河、卫河在馆陶县汇流而成。大运河故城段自清河县渡口驿入境,至夏庄镇西第三村与德州交界,经县域东南部七乡镇、64个行政村。大运河故城段有"四个特点":漕运水系历经变迁,古风古貌保存完整,水利文化遗产丰富,多重文明融会传承;"四个第一":大运河流经县域最长河段,运河文化水利遗存最多,原始堤段保存最完整,现存古柳林最古老、规模最大。

(2)景县段。

据《景县志》记载,衡水市景县大运河于公元608年(隋大业四年)动工,于公元611年(隋大业七年)通航,历时三年修建而成,通航时间长达1367年,直至1978年因水源问题断航。其实,大运河在修建过程中主要是利用自然河道疏凿而成,有较多的弯道设计,从增加河道长度,达到解决水位落差的问题;但是,这种设计又使得水流在弯道转弯处容易受到水力冲击而发生决口。尤其是景县段大运河水位落差达到4米,转弯险工段38处,这又以大运河华家口段为最,华家口段大运河为半地上河,主河道又贴近堤岸,最容易发生决口事件。据记载,大运河华家口段在晚清就发生过两次重大的决口事件:一次发生在同治九年;另一次是光绪二十年。两次决口均给周边百姓带来了深重灾难,影响大运河的航运。在这两次事件之后,清宣统三年(1911),时任知县王为仁组织当地百姓,修建了"华家口夯土险工",该险工全长255米、顶宽13米、高5.8~6.7米,自南向北,呈梯形。该险工堤内分步夯筑,坡采用黄土、白灰加糯米浆夯筑成坝墙,底部采用坝基抗滑木桩施工工艺,坝墙每步宽1.8米、厚18厘米。这样夯筑成的堤坝,密度高、硬度大,坝体浑然一体,具有耐冲刷、防渗漏、抗水压的特点。自该险工修好后,大运河华家口段再没有决堤记录。

目前,该险工保存较为完整,为研究清代夯筑防水技术提供了完善的实物资料。2009年"华家口夯土险工"被列入中国大运河申报世界文化遗产预备名单；2012年景县对"华家口夯土险工"进行了两个多月的修缮保护工作。2013年"华家口夯土险工"被列为《大运河申报世界文化遗产名单》中的"一点"，并通过国际专家组现场考察评估。

（3）阜城段。

千年古县阜城位于南运河的西岸，县城内流经30.65千米，沿岸22个村庄。大运河阜城段有着众多的历史文化遗存，如摆渡、村庄、码头、沉船点、关卡、墓地等遗址20多处。过去南北通航的大运河极大地促进了南北文化的交流融合，造就了沿岸独特的人文历史和景观。仅在阜城不到31千米的西岸历史上曾出现了"一帝一相三尚书"及其他众多名人。

（二）衡水市大运河文化带建设规划

中国大运河在2014年申遗成功后，衡水市在原来挖掘、保护措施的基础上，继续强化宣传推介、抢救挖掘、传承保护、规划引导、环境整治等举措，着力打造衡水市大运河文化带建设。

1. 规划情况

衡水市坚持科学规划，统筹实施，将沿岸的故城十二里庄大教堂、郑口重力挑水坝、景州塔、景县华家口夯土坝、阜城码头运河遗址、太平军血战连镇遗址等采取多种方式有机融合起来，打造大运河历史文化产业带，并重点打造运河文化旅游精品线路。同时，大力发展运河文化特色采摘、特色养殖、特色垂钓等旅游经济，从而带动两岸经济发展，使衡水市大运河由"遗产带""观赏带"变成"富民带"，使大运河"活"起来，促进大运河的持续发展，实现历史价值、社会效益与经济效益的共赢。

2. 大运河流经沿县规划建设情况

（1）景县。景县把运河古镇安陵发展定位为观光旅游乡镇，聘请河北省设计院制定了《2016—2030年运河旅游发展规划》，积极打造"一带四大板块"："一带"即以世界遗产华家口夯土坝为中心的运河文化乡村休闲体验带，"四大板块"即封氏遗址公园、玫瑰风情庄园、博龙现代果园、安陵运河文化小镇。围绕打造"文物景点、休闲农业、观光采摘"的总体旅游目标，搭建古运河旅游框架，全力做好运河文化旅游产业谋篇布局。

该项目主要位于景县安陵镇华家口沿南运河左岸一带，东距吴桥杂技大世界1千米，交通地理位置优越，项目区建设总面积20000余亩，主要建设内容包括：世界文化遗产华家口夯土坝景点，全国重点文物封氏墓群遗址公园，安陵运河文化古镇，10千米运河大堤骑行彩道硬化、沿运河10千米林业观光休闲区项目（种植蜜桃、樱桃、核桃、海棠、秋霜梨等观光采摘树种10000余亩），玫瑰园二期，博龙现代苹果园二期项目等。

2015年以来，在项目区连续举办了2届"华家口夯土坝桃花节"，引进了投资32亿元的风力发电项目，预计该项目建成后，年接待游客超50万人次。

（2）故城县。故城县以郑口镇为主建设了"运河风情公园"，集中打造运河风光景观带，公园投资1164万元，全长5千米，沿线10余村，立足"运河文化休闲展示，县城居民休闲娱乐"的定位，空间上以"生态田园游憩区、滨水娱乐休闲区、运河文化体验区以及堤岸景观带、河道风景带"的两区三带为主，并且以郑口挑水坝、郑口大桥、运河博物馆、郑家口驿站等重点项目为主，形成一个运河文化气息浓郁的文化游览区。在此基础之上，通过再延伸、再扩展、再深化，打造集休闲娱乐、文化展示、观光旅游等各种功能为一体的运河文化带。

（3）阜城县。阜城县着力依托运河沿线深厚的历史文化资源，积极规划运河文化旅游带，做好文旅融合发展之文章。2016年其结合美丽乡村建设成功打造了运河小镇魏圈、大龙湾、刘老人等一批具有鲜明特色的旅游小镇，其中的古风梨韵风景区吸引了大批旅游者前来旅游观赏（见表8-1）。

表 8-1　　　　　　　衡水市大运河周边文化遗存简介

文化遗存	简　介
景州塔	原名"释迦文舍利宝塔",为宋代建筑。该塔平面呈八角形,结构12层(外观13层檐),二层下施平座,楼阁式砖塔。通高63.85米,占地面积316平方米,总建筑面积1500平方米。塔基为条石砌筑,塔身为砖砌筒体结构,外围为厚重砖墙,中心砖砌塔心柱,二者之间形成回廊。每层外墙正面均辟有券门,每层塔心墙均为正中设穿心式蹬塔砖梯,单层砖梯为南北向,双层砖梯为东西向。砖梯盘旋而上至12层,同时,1层砌有塔心室,塔心室顶由砖叠涩成藻井。2~12层无蹬梯。12层中心立一直径30厘米的木柱支撑塔刹,塔刹为3个大小不同的铜葫芦相串而成。1973年春,河北省文物局拨款维修11~12层及塔顶。此次维修时,从塔顶铜葫芦内取出明代木版佛经三种九卷(《大乘妙法莲花经》六卷、《大乘诸品经咒》一卷、《药师琉璃光好来本愿功德经》二卷)、释迦牟尼卧式铜佛一尊、铜镜五块、铁匦五块。1996年11月20日,国务院将该塔定为全国重点文物保护单位,公布名称为"开福寺舍利塔"
十二里庄大教堂	据《甘陵今古》载:1601年欧洲传教士利玛窦从澳门前往北京路经十二里庄,便在这里扎下了根。1839年12月罗马主教曾来该村。1841年3月把山东省主教府由临清迁到十二里庄,从此该村成了山东省天主教活动中心。现存建筑为清光绪二十六年新翻建。现该教堂保护情况良好,每逢星期日教徒们都到此举行礼拜活动。2008年该教堂被河北省人民政府定为省级文物保护单位
郑口挑水坝	据《故城县志》载,"郑口镇农民修筑龙尾扫195丈"。始建于道光二十三年,早期以柳树为料的护险设施,一般砍伐大柳树10余棵结为一捆,倒挂岸边,以防冲刷堤根。现郑口险工6处重力挑水坝位于郑口镇郑口大桥西侧,全长约910米,呈倒"U"形分布在河堤内侧

续表

文化遗存	简　介
阜城运河码头遗址	该遗址位于阜城县码头镇码头村东20米处，大桥北侧运河河底。占地面积700平方米，原为运河货运码头。据《阜城县志》载："运河开通后，为历朝贯通南北唯一的一条水路。据传，境内码头段险情较多，过往船只经过此处都要投下一些物品以求平安，故河床地下埋藏文物较丰。从20世纪60年代运河干涸后，为制止不法分子盗掘倒卖文物，县公安、文化等部门联合公布了《关于加强运河地下文物管理的通知》划定了码头大桥南北各400米的保护范围，并动员村民将私存的文物献给国家，共征集查收散落民间的文物507件，其中经省鉴定为国家三级文物20件。"
太平军血战连镇遗址	该遗址位于景县连镇运河及两岸。据《景县志》载：连镇原名莲窝镇。大运河将其分为两部，河东属东光、河西属景州，北临阜城、南靠吴桥，此处水、陆交通方便，商贾云集，"附近村落皆是饶沃之地"。清咸丰三年（1853）太平天国丞相林凤祥、李开芳率兵北伐清王朝，因粮草不济于1854年9月退守连镇，当时连镇北有僧格林泌3万精兵，南有胜保万余精兵，太平军实有3000多人，形势万分危急，然而，饥饿与死亡没有吓倒这些不畏强暴的反清志士，粮尽则杀马为食，没有土枪火炮他们就用大刀长矛、残砖碎瓦坚守阵地，但终因寡不敌众，苦战10个月后兵败。林凤祥、李开芳遭杀害

二、衡水市大运河文化带保护现状

多年来，衡水市坚持"继往开来，传承创新"的原则，加大衡水市大运河的宣传、保护力度，将衡水市大运河文化遗存保护好、传承好、利用好，使其成为活着的历史文化遗产。

（一）宣传推介，增强遗产保护意识

为进行大运河文化的宣传和推介，衡水市和大运河沿岸三县开展了印制和发放宣传册页、《衡水大运河》宣传刊物，编发《故城运河文化掬萃》《运河风物》《故城运河文化展览馆画册》宣传品等活动；利用电视、广播、报刊等各类媒介开展专题宣传，围绕央视录制《故城传奇》宣传片，提供了系列文字、图片等基础性资料；邀请文史学者召开运河文化研讨会和论文征集活动，出版了文化遗产书籍《阜城文物》，编撰了《运河流韵》一书；以运河旖旎秀丽的风光为素材，创作了歌曲《我的家乡运河旁》《梨乡美》；衡水文化工作者金秋出版了《运河少年》《运河枪声》《运河风云》《运河女杰》等系列文艺作品；景县、故城县和阜城县均成立运河文化研究会，牵头宣传推动各县文物保护非遗挖掘和大运河文化带建设工作，三县分别成立了运河博物馆，再现了运河文化和两岸的风土人情，确保了运河文化得以保护和传承，破除了申遗成功便一劳永逸的观念，形成了"申遗成功只是起点，保护利用没有终点"的共识。

（二）重点保护，加强运河文化带基础设施建设

2006年，景县华家口夯土坝被列入大运河世界文化遗产申遗点，当地政府针对坝体整体下沉，木桩糟朽、下部淤积，暴露部分多处开裂，局部开始分化酥碱等问题积极采取措施，于2012年10月完成了坝体保护加固工程。保护修缮过程中继续采用糯米、石灰夯筑工艺"修旧如旧"，最大限度地保存险工的原真性与完整性。另外，为防遗址被蓄意破坏，还在华家口夯土坝安装了监控摄像头，并加强运河沿岸特别是重点遗址的卫生清洁工作，进一步改善遗址及周边环境。

在大运河文化带基础建设方面，景县、故城县和阜城县成立了大运河保护管理委员会，负责大运河各段的管理、保护与利用工作，重点加强文化遗址周边环境整治。在此基础上，衡水市还建立健全大运河"四有"管理体系（即建立完善大运河遗产档案资料、

划定保护区、树立保护标志、落实保护管理机构）；建立健全标识系统，设置保护标志和界桩，落实责任主体，明确专人管理，保持原有的历史风貌和良好环境；定期对大运河进行巡查，坚决杜绝破坏运河遗址的现象发生；同时，加强对运河沿岸建设活动的管控，严格履行审批手续，控制建筑的风格、体量等。

（三）抢救挖掘，丰富历史文化内涵。

近年来，衡水市通过梳理大运河沿线重点文物，推进运河文物资源调查，抢救保护项目和集中修缮了一批具有典型大运河遗产价值的文物点，并深化推进开展运河文化名镇、名村整治工作，保护和传承大运河周边非物质遗产。同时，衡水还组织专家学者对运河文化进行系统挖掘和整理，加强传承人的保护与培养，通过编辑出版刊物、图书等形式，进一步丰富历史文化内涵，传承和弘扬运河文化。另外，衡水市搜集整理了康熙南巡入境题词等诗文作品30多篇；走访记录了漳卫南运河船工号子等；征集到运河史料、书籍16部，以及晚清时期铁炮、炮弹，唐宋时期石船锚、石船桩、石磨、石杵、石臼等20多件。

但是，衡水市范围内的大运河已经丧失了通航作用，仅在泄洪、输水和取水灌溉上还存在着一些应用价值。衡水市也在进一步推进大运河生态涵养工程，通过植树绿化、大运河文化公园建设，恢复大运河生态，使得大运河衡水段在一定程度上重现风采。

三、衡水市大运河文化带传承现状

从目前来看，大运河衡水段的水利运输功能已经丧失，但仍然承载着文化传承、保护、文化交流的作用，在不同地域形成了丰富而复杂的运河文化体系。近年来，衡水市为传承运河文化，坚持"继往开来，传承创新"的原则，不断加大大运河衡水段整体的宣传、保护和开发力度，深入挖掘运河文化内涵，做好景区开发和生态建设工作，创新文化资源，坚持运河文化活态化发展原则，利用现代数字科技，融入传统文化基因，塑造衡水运河文化新形象。

(一) 传承运河文化,打造文化精品

建设大运河文化带是一项复杂而又艰巨的任务,要把握好大文化系统和各子系统之间的逻辑关系,除了运河流域的文化资源以外,还要整合流经地的其他文化资源。不同的文化资源承载了千年历史的遗迹遗产、绚烂多姿的非物质文化遗产、名人故里的文化故事,这些都是对运河文化的保护、传承和利用。大运河衡水段通过整合本地历史文化资源,挖掘整理大运河沿岸历史故事、文艺作品,打造文化精品,凸显运河文化传承的当代价值。

衡水市政府支持精品文艺创作,采取了一系列措施推进文化精品创作,使得衡水市能够着力于精品文艺的创作工作,坚持精品文艺工作的创新性转换,使作品深入生活、扎根人民,在运河文化的宣传上起到相应的作用。如 2017 年的大型历史京剧《董仲舒》向观众讲述了"董子故里"的故事,通过作品扩大了"董子文化"的影响。2018 年的电影《李保国》讲述了"太行山上的新愚公"李保国的故事,掀起了新一轮学习李保国的高潮。还有包括现代评剧《咱家老李》、河北梆子《桃城人家》、电影《芍药花开》等通过不同的人物形象塑造了衡水新的文化。在此之上,纪录片《运河儿女运河情》,以大运河沿岸村庄故事为题材,讲述了衡水市大运河文化,使得衡水在大运河文化的传承上有了新的方向和题材。2020 年 9 月,山水巨擘《画说京杭大运河》,全卷通高 1.12 米、长 106 米,遍查史料,实地采风,以大运河为轴,以京津冀鲁苏浙四省两市 20 余个地级市、100 多个县区的千年运河两岸风光入画,彰显千年运河深厚的历史底蕴,更寄托中华民族坚韧不拔之精神,可谓稀世之作。

2016 年,中国首个以运河文化为主的村级博物馆在邯郸市建成,该馆占地 2400 余平方米,分为运河民俗馆、运河名人馆、运河古戏台三大体系,包含记住乡愁、农耕记忆、码头名人、漕运印象、非遗表演五个板块,以京杭大运河与漕运文化为主题,用实物、图片等方式展现运河沿岸村庄风土人情,再现了北方运河文化,讲述本段大运河的历史,使得村民及游客可以系统直观地感受运河的沧桑历史。

2017年,阜城历史博物馆建成。为传承阜城历史文脉,讲述千年古县的历史,阜城县政府投资900万元建成历史博物馆,展品均是在阜城出土的文物,从西汉设县到明代人口大迁徙,从隋代京杭大运河前身永济渠的开挖到宋代精美的瓷酒器的烧制,从交通要道的御路到水陆发达的商贸重镇,从阜地文峰到近代功勋,该博物馆用心讲述着千年阜城的变迁。在水运通航和码头场景展厅里,通过图片、搭建实物场景让观众更直观地感受到京杭大运河上码头镇的重要性,以及当时水陆兼行、商贾云集的民俗风情。

2017年,故城运河文化展览馆建成。展览馆东临古韵悠长的京杭大运河,西依素有"小天津卫"之称的故城县城区,建筑面积300平方米,系运河文化与地域文化巧妙结合的仿古建筑。该馆外观古典时尚,内在色彩斑斓,总体结构由底上两部分组成,设计风格既有历史的沧桑感,又有现代的前卫感。展览馆以时间为轴,以实物陈列为主体,藏有征集到的各类运河实物、出土陶器等古今文物,还配有大量图片、文字和音像资料。馆内上层主要分为图文展示、实物陈列两部分,底层主要分为运河风物展示、现代农业旅游两大板块,运河景观建设远景图呼应盏盏宫灯,分布在馆内上方。该馆建成投用后,先后接待省市领导及游客30余批、5600余人次,现已成为县域良好的文化旅游场所及传统教育基地,更是接待外地宾客的一扇"窗口"和带动旅游业发展的重要平台,受到了社会各界的广泛认可与好评。

2019年,深州盈亿义仓结合当地的义仓文化、民俗文化和运河文化打造了"深州市粮仓博物馆",以盈亿义仓为主体,占地3428平方米,设有"天赐粮缘·粮食生产文化展""饮食人生·粮食文化展""节制兴利·粮仓制度文化展""仓盈廪实·古代粮仓文化主题展""祈丰盼收·祭祀文化专题",涵盖八个展室。深州盈亿义仓是清代北方粮食仓储制度的典型代表,建于清光绪二十四年(1898),有房屋51间,是我国北方传统四合院的代表性文化遗存。2013年3月5日,被列入第七批全国重点文物保护单位。

2019年,"文华衡水"文化展览在中国国家博物馆拉开序幕,这是中国国家博物馆举办的全国第一个地域文化展,让全国人民感受到了"大儒之乡,文华衡水"的独特魅力。这次展览中有7件国家一级保护文物,件件精美,历史意义深远。此次展览共分6个单元,其中"董子故里名人辈出"单元讲述了著名的哲学家思想家董仲舒的生平及思想,指出其思想对中国人的观念产生了深远的影响。"百年衡商名满京津"单元,讲述了衡水人的经商文化。衡水因水而活,得水而灵,衡水儒商走京闯卫。如北京琉璃厂街的兴盛繁荣,主要是靠河北人的发祥与打造之功,河北人中又以衡水人为最。至咸丰年间,衡水人在琉璃厂所开店铺已接近300家,故清朝中后期琉璃厂曾有"衡水街"之称,形成了衡水人在琉璃厂的地域概念。衡水儒商艰苦创业、以文会友、由商而儒、著书立说,公私合营后成为我国文物鉴定、版本鉴藏等领域的骨干能手,为守护国家文化遗产和中华传统文化的保护发展作出了重要贡献。而这些都离不开千年运河的孕育,漕运文化培养了衡水人经商理念,重义轻利成为衡水商人骨子坚守的信念,运河的生生不息精神流淌于衡水人血脉,形成了勇于开创的精神。"文华衡水"这一展览活动如同一张巨制文化名片,在首都北京绽放出耀眼的光芒,传承着运河文化。

(二)传承非遗项目,再现运河风貌

衡水市非遗项目众多,很多非遗项目就是在运河文化历史的背景下延绵发展起来的。衡水非常重视以非遗项目为依托的产业发展,在发展文旅产业前提下,建立地方艺术品牌,从而通过艺术市场开拓发展途径。

船工号子:河北省第三批非物质文化遗产收录了衡水市漳卫南运河的船工号子,故城县文化文物部门对流传在景县、阜城、故城运河上的船工号子进行了抢救性的整理,多次走访当年的老船工,记录每一个音符,并且完整地记录了号子的乐谱,使得这一非物质文化遗产不至于散落在历史的尘埃里。

传统架鼓:故城运河的传统架鼓是河北省第六批非物质文化遗

产,是由清朝末年衡水市武官寨村村民李登选创作的,又称"武官寨架鼓"。李登选毕生从事架鼓的演出和发展,博采众家之长,根据大量的演出实践,汇编成《武官寨架鼓鼓谱》,自成一派,始有"武官寨架鼓"。《武官寨架鼓鼓谱》为武官寨架鼓的传承和发展提供了范本,使得这一技艺传承百年,始终保持着原生态。

武官寨架鼓是一种纯打击乐合奏,由鼓、铙、镲和锣等乐器组成。乐队分为大小两种:大队一般由30面鼓、20面镲、5面铙、4面锣组成;小队一般由8到10面鼓、10面镲、2面铙、2面锣组成。每种乐器有其音效特点,如鼓声雄壮有力、威武,镲声音响亮、穿透力强,而锣发出的声音则低沉、宽广,这些形成了鼓点独特、节奏铿锵有力、丰富多变,声音洪亮威武、气势磅礴雄伟的音乐风格。

武官寨架鼓集中体现了创新、包容、豪放的运河精神,在故城县文化史上是具有地标性意义的文化符号。但是,随着城镇化建设的加快,男性劳动力的外流,传统架鼓开始由当地女性村民来演奏,使得这一传统打击乐器的气势减了不少,这也是非遗传承人和当地文化部门需要注意的一个问题。

阜城剪纸:相传,阜城剪纸始自金元时期,有一位姓陈的纸糊匠沿大运河营生。他心灵手巧,擅长扎纸活、糊顶棚,并以红纸剪成花鸟鱼虫的形象贴在四周,烘托喜庆气氛,深受大家欢迎。后来,随着人们不断模仿,逐渐形成了阜城剪纸。目前,这一工艺也是河北省非物质文化遗产,阜城剪纸的非遗传承人继承和发展了这一民间艺术,并对这一工艺进行了改进,不再用剪操刀,而是通过制版雕刻,形成了风格独特的阜城剪纸。

另外,阜城人民发挥创新能力,将旗袍和剪纸结合在一起,使得旗袍与剪纸在阜城有了"美丽的邂逅",成为传统文化创新性传承最典型的事例。2020年,阜城剪纸传承人将梨花和剪纸艺术相结合,创作完成了以"梨韵风情"为主题的系列剪纸,全面展现了大运河畔运河古梨第一乡的风景。阜城剪纸作为中华民族最古老的民间艺术之一,在创新中不断产生新的生机,是中国民间艺术的瑰宝。

（三）讲好运河故事

京杭大运河活态发展离不开运河沿岸人民的风土民情，虽然昔日繁华的运河风光早已不再，但是传承运河文化的感人故事却不绝于耳，这里有80岁老人的执着传承、文化官员的倾力研究、运河百姓的至真演绎，可谓文学艺术灿烂绽放。

1. 利用数字媒体技术将感人故事带到千家万户

2018年景县县委宣传部门和文化界人士历时9个多月时间，对大运河景县段5个乡镇46个村庄进行了走访调研拍摄，倾力制作出两集纪录片《运河景州》并在腾讯视频、爱奇艺等媒体平台播出，纪录片讲述了运河景州段的文化传承故事。

李凤林老人曾是运河岸边的船工，回想起当年拉纤的场景，老人激动不已。源于对运河文化的热爱，老人决心要把船工号子教给年轻人，让新一代青年能够感受苍凉的曲调里蕴含的自强不息的运河精神。

景县原文旅局局长李树旺将自己的精力放在对运河文化的资料整理工作中，在遗留的历史资料里寻找运河传承的内容，同时还创作了歌曲《运河西岸白草洼》，并制作了同名MV在央视新闻网播放。

2018年，在景县文化惠民"六进"活动暨华家口糯米大坝申遗10周年纪念仪式上，村民们用载歌载舞的形式表达对运河文化的深厚感情，压轴戏是船工号子的表演。李凤林老人带领年轻人再现了20世纪五六十年代运河断流之前，船工们在岸边拉纤的场景。余音绕耳的号子声不仅喊出了运河的精气神儿，也见证了运河千年的繁荣与沧桑，以及运河人一代又一代的文化传承。

"全国最美家庭"的获得者孔秀菊用真爱守护幸福，用担当诠释人生。孔秀菊的婆婆突发脑血栓瘫在病床上，丈夫在外打工，她独自一人照顾两个孩子和瘫痪在床的婆婆，几年后妯娌生下孩子6个月后病逝，她又收养了这个孩子。婆婆去世后，64岁的公公又病倒在床，2013年她的丈夫又患上了脑血栓，一连串的病故并没

三、衡水市大运河文化带传承现状

有打垮这个坚强的女人,她用行动诠释了什么是爱、什么是孝老敬亲,这也是生长在儒学之乡的运河人民千百年来恪守的人生准则。

2. 注重精神传承,加强运河文化教育

运河精神源远流长,"生生不息"是运河的历史根脉。从运河的演进来看,运河每一次重要的工程启动都与"生生"相关,战国时代,各诸侯国为求得霸业,奋发图强、富民强兵,如吴国阖闾战死沙场,其子夫差承父亲未竟之愿,充分利用自己水军优势,开凿邗沟,挥师北上,伐齐攻晋,逼齐国签下盟约,成为霸主。运河的生生不息还表现在运河不仅仅是中华南北的连接枢纽,还是陆地丝绸之路和海洋丝绸之路的通道。运河在历史长河中如璀璨的明珠,串联起沿岸各地人民浓浓的乡愁。这生生不息的精神内涵应不断地发展绵延下去,成为中国新时代年轻人的精神内核。

留智庙镇白草洼村村民高书文经常带着村里的孩子们实地游览运河,为孩子们讲述运河上发生的历史故事。他认为运河文化若想长久流传,必须从孩子的教育开始,让孩子们知道运河精神,理解运河人与商人打交道过程中形成的厚德载物、仁厚包容的文化品格。

景县东王村的王吉鑫老人经常做的一件事就是为村里孩子讲述王氏家族的家训;该村还建立了"书香传家、文化东王"文化大讲堂,具有良好的文化氛围,尊师重教已经形成传统。该村在古代百余年间出现了多位秀才。在中华人民共和国成立后,东王村也是有名的教师村,包括景县运河文化研究会会长王玉波,也是一名教师,他教书育人,甘当人梯,传承美德,乐在其中。好的风气、厚重的文化根脉、优秀的历史传统,不断保留传承,使得大运河畔一个普通村庄出现兴旺发展的文化现象。如今,东王家村已成为新时代景县美丽乡村建设典型示范村。

(四)带动全民参与

运河文化的传承离不开市民百姓的参与,近几年来,运河流经的故城、景县、阜城三县联动,全面加强宣传推介工作,健全联动机制，吸引社会力量参与运河文化保护和传承工作，通过建立运河公园、博物馆、遗产廊道等形式吸引大众关注运河历史以及保护传承。

1. 创新文化传承形式，丰富民众精神生活

2020 年，衡水市桃城区文化和旅游局响应国家文化和旅游局主题活动的号召，在衡水习三内画博物馆举办了一场别开生面的非遗项目展览体验系列活动，17 项具有代表性的非遗项目齐聚展览馆。活动形式多样，除了非遗项目展览以外，还增加了公益讲座、观众互动体验等环节。如侯店毛笔、糖画、剪纸、木雕、铜镲、宫廷刺绣等难得一见的民间艺术都可以在这里看到，同时市民们还体验了一把中国传统技艺。该项活动传承并弘扬了优秀传统文化，丰富了人民群众的精神文化生活。

2020 年 4 月，衡水市图书馆举办了"书香运河线上文化展览"，采用新媒体技术使得民众可以足不出户地了解到衡水运河的魅力。该文化展内容涵盖：运河概况、运河遗址、运河非遗、运河文学、运河名人、运河沿岸村落及文化场馆等，旨在调动市民参与运河文化传承。

2. 京津冀阅读联动，运河情共沐书香

2018—2019 年，由北京市通州区组织的大运河阅读行动计划阅读接力活动，基于大运河文化带的背景，突破地域局限，探索区域联动机制，打造全民阅读新模式，使得大运河文化内涵得以延续和传承。在这一基础上，2019 年衡水市文化局组织了"京津冀阅读联动，运河情共沐书香"全民阅读系列活动。在启动仪式上，经典诗文朗诵、现场书法展示等环节，令参加的观众深刻感受到运河文化的精神品格。除此之外，衡水市图书馆还举办了运河文化讲座、百人诵读国学经典、运河文化展览馆研学、运河民俗文化展、书法展等系列活动，通过这些活动让更多市民参与到运河文化的挖掘和传承工作中去。

3. 建设美丽乡村，村民倾情奉献

景县白草洼村的建设从 2016 年开始，当时村委会压力很大，村民在了解建设规划之后，集体拥护，没有一个人出难题，乡村建设得以顺利进行，这也是百年运河养育的衡水人民拥有大爱之心的体现。

4. 打造文化公园，提高公共文化服务供给

围绕打造冀东南"运河文化名城"的定位，故城县沿卫运河大堤规划建设"运河风情公园"，以郑口挑水坝、郑口运河大桥为主体，打造全长 5 千米的运河公园，将公园空间布局划分为"三区""两带"。"三区"即生态田园游憩区、滨水娱乐休闲区、运河文化体验区；"两带"即堤岸景观带、河道风景带。该公园还在运河文化展示体验区核心游览区设置了运河牌坊、运河博物馆、郑家口驿站等多个主体项目。

（五）建设美丽乡村，点亮运河沿岸风景带

美丽的村庄、绿色的田野、茂密的树林，这是大运河衡水段沿岸的美景，古运河文化在现代文明中得以留存与传承，除了灿烂的文艺作品做衬托，还需要有美丽环境的点缀。大运河衡水段流经衡水东部三县，与沧州、德州交界，是海河流域漳卫南运河系的一部分，重点河段在阜城霞口镇、码头镇，景县安陵镇，故城郑口镇和建国镇，运河沿岸的村庄建设也成为衡水市发展建设的重点项目。

1. 运河西岸白草洼

运河西岸的白草洼位于白草洼村，这里有独具特色的运河风情、热情好客的淳朴民风、别具一格的青瓦房，具有浓浓的运河文化、风土人情。该村在运河的一个弯道处，拥有天然屏障。古时候白草洼家家户户都做生意，是方圆百里有名的商贸集散地，一直到 1974 年河水断流，这一地区的商贸往来才逐渐减少。但古渡口给这里的百姓留下许多记忆和传说，如白草洼村还有一首村谣："杭

州到通州,危险河段有葬流。""葬流"位于运河北圈南头,此处水深十多米,流急漩涡多,人若溺水,必定丧命。"葬流"上游有溺水者,常有户主来此候尸打捞,每每遇到这种情况,村民都会尽其所能提供方便、给予帮助。因此白草洼人乐善好助的淳朴民风随着大运河声名远播。

如今,白草洼村得到了县乡两级的重点支持,是美丽乡村建设的重点村,整个村落规划为"一轴、一广场、两馆、四韵、八景"。"一轴"为东西大街中轴线,贯穿东西,白墙灰瓦分列两侧;"一广场"为村民活动广场,引领文明,文化活动时时上演;"两馆"为红色记忆馆和村史馆,诉说历史,追昔抚今传承血脉;"四韵"为水韵、灵韵、红韵、古韵,以水韵诉说情怀、以灵韵守望精神、以红韵传承记忆、以古韵承载乡愁;"八景"为御河栈道、千帆竞渡、秦琼上马石等历史小景,采撷运河文化,保留历史风情,承载着村落的记忆、文化。

当地政府坚持以"留住乡村记忆、突出乡村特色、展现乡村新貌"为建设理念,呈现了"灵动大运河、韵美白草洼"的文化特色,建立廉洁文化宣传栏、文化墙、雕塑,让群众在潜移默化中受到教育。现在全村上下,遵规守法,秩序文明;尊师重教,敬老爱幼;团结互助,乐善好施;尽孝光荣,不诚可耻,蔚成村风。

2. 古风梨韵——刘老人村

刘老人村地处阜城、东光、泊头三地交界,东邻京杭大运河。刘老人村以美丽乡村建设为抓手,结合特色文化产业,修建了梨文化广场、休闲公园、村史馆、博物馆等基础设施,使得村庄面貌焕然一新。全村耕地面积3750亩,其中梨树面积3000多亩,百年以上老梨树有5000余株,素有"中华第一古梨园"和"运河古梨第一乡"的雅称。

自20世纪60年代以来,刘老人村村民充分发挥运河人民吃苦耐劳、敢打敢拼的精神,成为全省有名的"红旗村"。除了经济建设的跨越式发展之外,当地创建工作领导小组还注重对历史文化资料的整理工作,深入挖掘当地文化底蕴,传承运河文化,先后走访了该村 20 余名老党员、老干部，并查阅了该村的族谱、家谱等，深入挖掘出村庄的由来及历史文化元素等，像刘老人与千叟宴的故事，刘老人百年梨园与刘秀、朱棣、崇祯、乾隆四位帝王的故事等，村民们共提供文化线索 50 余条、老景实物 60 余件，为运河沿岸的美丽乡村建设奠定了坚实的文化基础。

3. 运河古镇——安陵镇

2020 年，景县的美术志愿者来到安陵镇，用美丽的图画和鲜艳的色彩装扮运河古镇，助力大运河文化建设，打造运河沿岸运河古镇。活动中，志愿者们用喜闻乐见的主题，创作了一幅幅具有乡村气息的绘画作品，将家风家训、文明礼仪、乡村记忆等元素融入画作，美化了运河古村，还向广大村民传递了悠久的历史文化内涵。

京杭大运河千年来孕育着两岸人民，不曾间断，衡水段虽然已经断航，但是运河文化带建设正在如火如荼地展开，沿岸相关领导规划部门抓住机遇，统筹推进沿岸地域文化传承工作，充分挖掘本地文化历史资源，力求保护好、传承好、利用好大运河。在取得进展的同时也不能忽视传承工作中出现的问题，如因资金和资源不足而导致部分文化建设作品质量不高，影响力不大，生态空间存在被挤压挤占现象，沿岸地区合作机制不健全，同时运河文化传承仅靠文物单一部门，不同部门之间的沟通协调工作有困难，等等，这些都是亟待解决的问题。

四、衡水市大运河文化带利用现状

大运河是"活着"的遗产，衡水市在河北省大运河文化带开发上，坚持"继往开来，传承创新"的原则，坚持科学规划，统筹实施，开展了一系列创造性工作。如采取多种方式将沿河文化遗址有机融合，打造大运河历史文化产业带，重点打造运河文化旅游精品线路，从而带动两岸乡镇经济发展，使大运河"活"起来，促进大运河的持续发展，实现历史价值和社会文化价值。

（一）打造运河历史文化带

衡水市故城县是大运河重要节点城市之一，也是世界遗产中国大运河项目的申遗点之一。如前所述，故城县因地制宜，以郑口大桥、郑口挑水坝为基础，在大运河畔规划建设"运河风情公园"。公园践行大运河文化"保护、传承、利用"的原则，集中展示了运河风情文化，为沿岸居民提供了休闲娱乐的场所，打造了运河风光景观带，并将空间划分为"三区两带"。

目前，阜城县的魏圈村建成了我国首个以运河文化为主的村级博物馆，该馆由村内闲置学校改造而成，分为运河民俗馆、运河名人纪念馆、运河古戏台三部分，集中展现了古运河码头风光和运河沿岸村庄风土人情。其中，运河民俗馆是主要展区，通过对运河两岸原始民众居住地的还原，陈列了耧、犁、耙等农具，展示了运河漕运文化、运河文化和民俗文化；运河名人纪念馆通过对当地运河历史文脉的梳理，展现了 21 位与当地运河文化发展相关的名人；运河古戏台集中展现了运河边居民的休闲娱乐下的生活状态。另外，值得一提的是，在运河文化挖掘过程中，该地还整理出两个与运河文化息息相关的民俗节目。

阜城县码头镇大龙湾村位于码头镇南 3 千米处、京杭大运河西岸，交通十分便利。大龙湾村有一个流传甚广的顺口溜：一帝二相三尚书。简单的七个字道出了大龙湾的文化历史底蕴。为了更好地建设美丽乡村大龙湾，码头镇党委造了一条运河长廊，以文化墙绘的形式，将运河沿岸的重要城市节点绘画到墙上，当市民游客沿着运河长廊观赏时，仿佛漫步于运河的历史地理画卷，能够即时地了解运河沿岸的城市文化、建筑艺术文化、美食文化等。

另外，码头镇围绕"一好五美"的美丽乡村建设目标，深挖运河文化，形成了延岸风情的"两湖两廊两广场，三馆一台五园林"15 处景观。"两湖"指润龙湖和莲心湖；"两廊"指风车小巷走廊和运河走廊；"两广场"指棋盘广场和大龙广场；"三馆"指大龙湾村使馆、大龙烧饼记忆馆、第五区公所旧址；"一台"指御龙渡口观景台；"五园林"指润龙园、西游园、中心游园、采摘园、竹林听雨园。

(二) 设计运河文旅精品项目

衡水在运河文化旅游方面致力于设计独特的文旅线路，打造精品文旅项目，力求依托运河文化、衡水特色文化开拓文旅项目，着力依托运河沿线深厚的历史文化资源，积极规划运河文化旅游带，做好文旅融合发展文章。2020年9月26日—10月8日，衡水市文化广电和旅游局联合河北京东云计算有限公司，共同开展"活力重启，魅力衡水"寻迹衡水文旅之美活动。这一活动致力于"展示城市形象，激发消费潜力"，推动衡水市全域旅游高质量发展。活动以衡水本地深厚历史文化底蕴为依托，深度挖掘运河文化，讲好运河历史文化名人的故事，借助文化体验游、研学游、健康游、乡村游等方式，充分发挥衡水文化优势，打造更多精品旅游线路，助力衡水建设成为京津冀运河文化生态休闲旅游目的地。其中，线路包括衡水文化探秘之旅、旅发大会运河文化之旅、旅发大会尝鲜体验之旅、衡水甜蜜时光田园之旅、旅发经典回顾之旅等。活动路线的设计有机结合周边知名景区、传统非遗文化、地域特色美食、本地网红打卡地，全方位展示了衡水城市风采，为衡水旅游产业的发展起到了推动作用。

运河古镇安陵是景县的观光旅游乡镇，位于运河西岸的安陵镇华家口村是运河沿岸的重要村落。其中"华家口夯土险工坝"，由于河段堤防体系相对完整，是大运河文化带建设重点项目之一，也是大运河世界级文化遗产之一。目前，围绕华家口夯土险工形成的大运河文化带位于景县安陵镇华家口沿南运河左岸一带，交通地理位置优越，主要建设内容包括：世界文化遗产华家口夯土坝景点建设、封氏墓群遗址公园建设、安陵运河文化古镇建设等。

近年来，景县以旅发大会为契机，进一步加强本地文化和旅游融合发展，有序推动大运河文化带建设工作平稳推进。充分依托大运河文化和董子文化这一地方特色资源，重点推进大运河国家文化公园建设，打造独具特色的旅游文化品牌。通过进一步挖掘世界文化遗产华家口夯土险工的历史底蕴，因地制宜、错位发展，展现独特的旅游文化内涵；以大运河沿线遗存为基础，通过文化的挖掘和展示，促进运河文化资源保护、传承与利用，实现历史文化保护与乡村旅游开发双重目标。

阜城县地处京杭大运河西岸，大运河从景县的大端庄村东流入县境，在霞口镇的张化雨村东北流出，在阜城县境内流长30.7千米，左堤段长28.7千米。阜城县结合美丽乡村建设成功打造了运河小镇等一批具有鲜明特色的旅游小镇，其中的古风梨韵风景区吸引了大批旅游者前来旅游观赏，通过将运河自然风光和运河文化结合起来，将魏圈村打造成"运河文化第一村"。

阜城县大运河文化建设以乡村旅游为着眼点，借助乡镇丰富的文化底蕴和产业特色，重点建设具有当地属性的大运河文化旅游地。如刘老人村重点打造了古风浓郁的梨韵广场，充分利用刘老人村的古梨树和湖泊资源，规划建设了8景10园28处景点。例如，虬龙探海、春潮涌雪、黄花喋舞、林幽雉啼、天子霞光、寄子情深、严霜红叶、雪拥玉人梨乡八景是游人们赏万亩梨花、观油菜花海、览梨乡博物馆、听梨涛林声的最佳去处。

2020年以来，故城县积极响应国家对大运河保护性开发的战略，坚持将大运河文化带建设与乡村文化旅游开发相结合。在大运河文化旅游特色项目打造方面，主要从以下三个方面展开。第一，以大运河文化为主线，以文化、生态和产业旅游为特色，构建了本县全域旅游框架，重点建设大运河周边的文旅项目，如大运河百里景观带（大运河国家文化公园）、大运河历史文化街区等项目。第二，重点抓好大运河文化旅游线路道路建设，在城区到重点景区的路上增加公共交通数量和扩建途经交通干线，完善全县旅游交通标识，筹建旅游服务中心，提升大运河文化旅游咨询、接待等一体化的服务水平。第三，强调以"运河明珠多彩故城"为主题的旅游品牌，坚持打造故城特色，形成大运河"旅游+文化""旅游+产业""旅游+体育"等不同的展示活动。

(三) 发展特色产业，打造美丽乡村

大运河景县段的长度达73.2千米，是河北省内最为重要的运河线路，整段被列入世界文化遗产名录。景县极为重视本地大运河文化带建设，全力打造具人文特色和商业价值的大运河文化带。

2017年12月10日，景县在北京举行了项目推介洽谈会，推介说明中提出景县拟投资248亿元，全力打造具人文特色和商业价值的大运河文化带。该县已经初步谋划了大运河文化带建设的相关体系，涉及水源涵养、遗址还原的43个重点项目，力争引进最具实力的战略投资者，全力打造最具人文特色和商业价值的大运河文化带。

另外，故城县安陵镇华家口村的华家口夯土险工坝不仅是其文化名片，更是其农村建设的新目标、新载体。华家口村深入挖掘历史文化内涵，依托世界文化遗产——京杭大运河华家口夯土险工坝、村内百年古树等别具一格的历史文化特色，巧妙地把历史文化元素融入农村基础设施建设中，以精品村、特色村、旅游示范村为契机，着力完善生态环境基础设施建设，全力打造"旅游文化示范村"，用历史文化扮靓美丽乡村。

近年来，华家口村依托夯土坝的历史遗迹优势和百年果树种植技术，以"保护运河文化遗址，开发运河生态建设"为目标，发展安陵镇大运河生态观光采摘园项目，规划建设桃园、苹果园、大棚有机果蔬园、农家乐、林下养殖等项目；规划建设休闲垂钓、水上公园等旅游项目，充分发挥好大运河夯土坝的历史文化作用，使之由"遗产带""观赏带"变成今后的"富民带"，为华家口村带来经济社会发展的新契机。同时，华家口村特有的百年核桃树、柿子树，六七百年历史的老槐树等，不仅为该村美丽乡村建设增添了亮丽的色彩，更彰显了华家口村浓郁的历史文化气息。

安陵镇以实现城乡一体化为目标，围绕"统筹城乡、科学规划、因地制宜、分步推进"的城建思路，不断加大小城镇建设力度，加快基础设施建设步伐，提升小城镇品位，用"秀美""整洁""和谐"扮靓整个城镇。该镇按照省市要求，紧紧围绕小城镇建设的"六个一"目标，坚持高标准规划、高起点建设、高效能管理，切实提高群众的幸福指数，使大运河河畔的古镇旧貌换新颜。经过半年多的时间，在安陵镇党委政府和群众的共同努力下，打造了三纵四横的镇区基础框架，新增镇区规划面积6万平方米，重点打造了景安大街精品工程，对东商业街、油棉厂路等5条街道进行了改造扩展，大大提升了镇区进出口的形象。

刘老人村是运河周边的重要村落，受悠久历史文化和灿烂运河文明的浸润，刘氏家族勤奋、节俭、仁孝、诚信的光荣传统得以世代传承。千百年来，该村始终坚持厚养薄葬的优良习俗。该村地处三县两市交界，每逢三六九，商客云集，热闹非凡，得益于刘氏家族重义、守信、轻利的仁德文化。改革开放以来，刘老人村用心探索和接力推行"3322"工作法，成为远近闻名的"生态旅游村"。

近年来，霞口镇的村落紧紧抓住美丽乡村精品村的历史机遇，坚持传承仁德文化、加强三风建设，构建社会主义核心价值观，通过挖掘村历史、运河和当地文化，以大运河文化发展为契机，坚持把乡村建设成集观光旅游、休闲养生于一体的生态旅游专业村。该镇打造美丽乡村工作思路清晰，卓有成效。

五、衡水市大运河文化带发展策略

衡水的景县、故城县、阜城县是大运河重要节点城市，在古运河时期有着非常重要的经济、文化地位。在大运河后申遗时代，其重要的经济、文化价值的开发仍具有至关重要的时代意义。虽然衡水市在积极地开展本市大运河资源的保护、传承、利用，但仍有一些困境亟待突破，改变现状，才能进一步提升本市大运河文化的活态化传承。

（一）加强经济特色化发展

衡水市在河北省内的经济发展地位并不突出，整体的经济水平相对较低，这在一定程度上也影响了运河经济发展项目的开展。衡水在经济发展步伐缓慢的前提下，也在进行最大限度的革新，主要体现在四个方面：

第一，开发经济特色项目。衡水市在积极地挖掘自身的优势项目，利用文化、旅游、特色乡村计划等多种方式来弥补自己的短板。尤其是特色小镇、美丽乡村项目开展阶段，衡水的各个区县市都在深化自身特色文化优势，追加新的增长极，进一步为经济发展贡献力量。第二，积极开展城市改造。在原有的文化资源基础上，推进景观节点建设、开发及保护性规划等项目，拓展文化旅游经济模式。在城市改造方面，充分挖掘本地历史文化中的特色，注重历史文化的延续性、优秀文化的传承性以及文化传播的广泛性；注重追溯历史渊源，充分利用文化典故，加强城市个性特色，打造城市文化名片。第三，打造经济文化长廊。在制定文化长廊的目标后，衡水市开展了多种形式的文化广场项目，优化市民的文化生活，也充实了文化旅游的资源。如前文所提，各类博物馆、民俗馆、特色广场、文化墙等形式的文化长廊，为市民生活增添了更多文化气息，让本地居民更加了解自己的文化历史，增强了文化自信和文化归属感。同时，丰富旅游资源，打造更加立体化、一站式的文化旅游集群，将各个县市的运河资源连接成串，再对接到衡水其他的文旅资源，从而构建文化旅游的集合体。第四，充分利用文旅经济价值。依托旅发大会的平台，构建运河文化旅游经济项目框架，设计独具衡水特色的运河文化旅游线路，注重开发文旅资源的生态休闲价值，提升衡水的文旅资源竞争力和吸引力。在此基础上，进一步促进了衡水的文化旅游发展、经济发展，形成了良性的生态循环。

（二）强化运河文化交流价值

随着社会的变迁，大运河流经衡水三县的运河功能在一定程度上已经消失了，包括水利功能、运输功能等，所以要继续发掘、发挥大运河的文化承载、交流的功能，才能更好地保护、传承、利用大运河文化的遗产。从这一意义层面上看，衡水市大运河文化的保护、传承、利用，可以发挥自身的资源优势，打造独具本地特色的大运河文化交流模式。衡水市的历史、文化、生态方面的资源丰富，可围绕运河文化的主线，融合其他文化资源，加强资源之间的联动，建构本市的文化资源库，形成立体的文化传播框架。具体可以从以下方面展开。第一，强调大运河文化景区的传播作用。大运河文化是独特的世界文化遗产,应以大运河为中心,本着保护、传承、利用的基本理念,打造彰显本地文化特质的大运河文化景区。目前,衡水正致力于这方面的建设。在此基础上,衡水也在积极构建文化、生态、旅游、休闲、娱乐的带状区域经济、文化系统,继承大运河文化中延续了两千多年的沟通、融合的凝聚力,将其运用到当代的文化交流中,使其继续发挥重要的文化沟通功能。第二,突出大运河文化精髓的影响价值。以文化旅游的形式,带动本地、周边,辐射全国范围内的社会大众的关注,不做表面功夫,而是继承、发扬大运河文化精神的内涵,将大运河文化的精神与本地民风、风俗中的优良传统相结合,从而全方位地向大众展现传统文化的魅力,提升大运河文化的影响力。第三,重塑大运河文化精神的维系功能。在强调大运河文化景区的传播作用、突出大运河文化精髓的影响价值的基础上,进一步重塑大运河文化精神的社会维系功能。深入挖掘大运河的人文价值,传承其文化遗产,体现大运河文化的人文关切,打造具有大运河特色的文化经济学经典案例,是运河沿岸所有城市的必修课。大运河不但在空间上贯穿南北,也要在时间上通连古今。大运河里流淌的是两千年的中华文明的精华。例如,大运河景县段的保存相对完整,长度较长,是较好的景观载体,能够为人们提供更完整的历史回忆。从历史、文化的角度来看,在运河在文化上、传播上的维系价值也应该得到更高的重视。

(三) 发挥绿色生态廊道功能

衡水一直在生态旅游发展等方面积极尝试,以衡水湖为中心,扩展到多个层面的生态保护性开发正在稳步进行。由于大运河的生态廊道价值利用,衡水有了更多创新整合资源的机会。首先,在现有资源基础上分工合作,共享融合。很多地域在文化创意创新发展方面存在重复建设的问题,不仅浪费了资源,也很难打造具有可持续性的资源开发利用。文化生态、自然生态的保护性开发,系统性利用的重要性必须提上日程。衡水有很多生态优势资源,其中衡水湖最为突出。围绕衡水湖开发生态绿色文化旅游已经有了很大的进展,在此基础上,拓展大运河的绿色生态廊道功能,进一步加强衡水文化生态的经济实力和文化实力,具有非常重要的现实意义。其次,加强大运河资源的合理性保护、开发、利用。利用自然资源、人文资源是新时代文化传承和发展的重要基础。大运河在空间上提供了生态廊道,在文化上提供了文化资源,深切了解这两者之间的辩证关系,才能切实做到大运河的保护传承利用。最后,通过大运河传播绿色生态的文化理念。大运河沿线保存至今的丰富文化遗产既是财富,也是对当代人的提醒。合理地保护性开发,以绿色生态的理念发挥大运河的当代经济文化功能,是继续发挥运河文化价值的重要途径之一。要依托大运河,构建本地的绿色生态文化传播框架,一方面保护传承利用大运河的资源,另一方面搭建以大运河为线的绿色生态文化载体,向大众传播绿色生态的文化理念,提升本地民众的生态认知能力。

综上,大运河是重要的文化经济遗产,在保护传承利用的过程中,既要保护性开发大运河资源,又要联动本地的其他物质文化、非物质文化资源,提升本地的整体文化经济实力,从而增强文化旅游的先导功能,发挥大运河为主线的绿色生态文化教育作用,进一步实现本地经济文化的快速发展。

第九章　廊坊市大运河文化带发展现状及策略研究

大运河在古时候就是连接中国南方和北方的交通要道，是动态的文化，传承保护好大运河文化，是发扬中华优良传统文化的重要举措。大运河河北段在整个运河文化中承载了燕赵文化，在京津冀一体化建设中扮演独特的角色。如何保护、传承、利用大运河廊坊段，是摆在廊坊市发展面前的一个重要课题。本文主要对廊坊市大运河文化带发展现状与策略进行探讨。

一、廊坊市大运河文化带整体概况

（一）大运河廊坊段历史渊源

大运河廊坊段要从隋唐朝代说起。隋唐大运河以河南洛阳为中心，向北通往当时称为"涿郡"的北京，向南通往杭州。北向的运河当时称为永济渠，该渠自南向北流经河南、河北、山东、天津、北京。具体流经路线为：河南省武陟县南畔开口沁水向东北，经过新乡、卫辉、滑县、内黄等市县，到河北省魏县；又从东北经大名、馆陶及山东省的临清、德州，再流经河北省吴桥、东光、泊头、沧县、沧州、青县等抵达天津市；① 向西向北，流经现在廊坊所属地域到达北京市。整个工程大多利用自然河道走势，人为打造出一条水上交通命脉。自天津市西北渠段不久即废。唐朝以后，天

---

① 谈新放、傅芳荣、杨凯军：《开发性金融实证：汨罗模式》，《地方财政研究》2006年第7期。

津市南侧改以清、淇二水为运河水源，不再引用河南省的沁水。从天津取道沽水（当时称为白河）和桑干河（当时称为浑河、永定河）到达北京（涿郡）。①

隋唐时期，浑河和永定河在丰台分为两支，北支向东流经古名清泉河的凉水河，奔向潞县并入潞水，随潞水流向宝坻地区。北支成为桑干河的干流，后称为永济渠水道。它从丰台、南苑、大兴、安次一线，流入现在霸州信安村淤口关，汇入流经雄县、霸州的拒马河，最后归于渤海。

从地理位置关系来看，现在的桑干河（浑河、永定河）可以说是北运河支流。桑干河（浑河、永定河）在北宋时期到达现在的廊坊固安境内。宋太宗淳化四年（993），雄县（旧称雄州）知州何成矩，在河北境内大修水利600多里地堤坝并用于灌溉农田。从涿州向南到达新安、固安境内的地域称为古督亢地稻子沟。据《文献通考》记载，元天历元年（1328），浑河流经固安县城以南的柳林庄村北。柳林庄万寿寺碑记记载明洪武十六年（1383），浑河流经固安到达高家庄，随后流入霸县。永乐十五年（1417），浑河流经孙家庄。宣德七年（1432），浑河流经马庄。天顺初（1457），浑河流经杨先务。弘治十一年（1498），浑河涿州从东部流出，经过固安杨先务、荆垡，往东南流去。万历三年（1575），浑河流经黄垡北部到达霸县。当时的永济渠没有直接流经固安，但可以肯定的是永济渠连通桑干河（浑河、永定河）。拒马河自古就流经固安，换一句话说，如果要探寻固安境内永济渠痕迹，也只有着手于桑干河（浑河、永定河）和拒马河。②

永济渠在廊坊境内的水道是有记载可查的。从青县往北，流经文安、信安、安次、旧州镇、武清、通州，最后到达北京。《宋史·河渠志五》："东起乾宁军，西信安军永济渠为一水，西合鹅

---

① 谈新放、傅芳荣、杨凯军：《开发性金融实证：汨罗模式》，《地方财政研究》2006年第7期。
② 张宏、曹玉洁、杨永生：《中国古建筑文化之旅——河北天津》，知识产权出版社2003年版。

巢淀、陈人淀、燕丹淀、大光淀、孟宗淀为一水，衡广一百二十里，纵三十里或五十里，其深丈余或六尺。"《武清地名溯源》记载了鹅巢淀、陈人淀、燕丹淀、大光淀、孟宗淀等，与《宋史·河渠志五》天然契合，证实了永济渠安次段和武清段为上下游的关系。①《宋史·沟渠志》记载："其水东起沧州界，距海岸黑龙港，西至乾宁军，沿永济渠汇破船淀、灰淀、方淀为一水。"又云："东起乾宁军，西至信安永济渠为一水。""东起信安永济渠，西至霸州莫金口……"《顺天府志》永清沿革下记："隋大业七年开渠通辽，乃于县西置通泽县。"《太平寰宇记》载："大业七年征辽，经淤河口，当三河汇流之处，割文安、平郡（大城）二邑，置丰利县（今文安）。"

（二）大运河廊坊段的基本情况

大运河香河段属于北运河，其上游是温榆河，古时候被称为御河、白河、潞河等，是京杭大运河的最北段，与通州的通惠河相汇合后称为北运河。② 然后，流经廊坊市香河县、天津市武清区河西务镇，由天津市红桥区汇入海河，全长186千米。

据文献考证，大运河香河河道属于隋代开凿的永济渠，元代京杭大运河通惠河开凿后，成为杭州北上北京的必经之地，到明代呈现出漕运的最繁荣景象。北运河香河段虽饱经历史沧桑，但依然保持了古时漕运河道基本形态，较好地保存了真实性和完整性，有很大的历史研究价值。

（三）大运河廊坊段的组成

根据中共中央办公厅、国务院办公厅2019年2月印发的《大运河文化保护传承利用规划纲要》和河北省已编制完成并上报待

---

① 谈新放、傅芳荣、杨凯军：《开发性金融实证：汨罗模式》，《地方财政研究》2006年第7期。
② 《为美好而来、运河文化》，搜狐网，https：//www.sohu.com/a/337607135_120302795。

一、廊坊市大运河文化带整体概况

批的《河北省大运河文化带保护传承利用实施规划》，大运河廊坊段范围被确定为两部分。

一部分是北运河香河段（起点为京冀界、终点为冀津界，全部为香河县境内，见图 9-1）。古称沽水、白河、潞河，现经北京通州杨家洼村南、桥上村南进入廊坊市香河县境，从香河小友垡村进入天津武清区河西务镇水牛村。香河内河道全长 21.7 千米，流域面积 237.52 平方千米，河道平均宽度 2125 米，左岸堤长 23.81 千米，右岸堤长 28.28 千米，设计流量 1330 立方米/秒，防洪标准 20 年一遇。北运河香河段现有三条减河（引河），即青龙湾减河（王家务引河）、凤港减河、牛牧屯引河；三座桥梁，即王家摆桥、安运桥、双街桥。

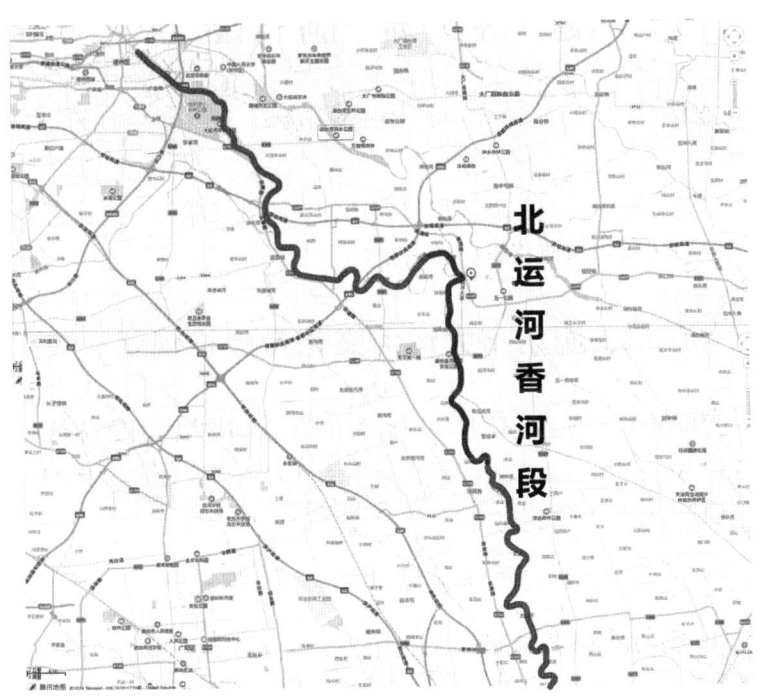

图 9-1 北运河香河段

另一部分是大清河赵王新河段。由白洋淀入文安、霸州境内，流经赵王新渠、东淀后，经海河干流入海，全长60千米。具体为自雄安新区苟各庄镇北部东里长村流入文安的兴隆宫镇的店子村北，最后从文安县的滩里镇的富管营村村南和安里屯村北之间流入天津境内静海区抬头镇胜利村村南（见图9-2）。

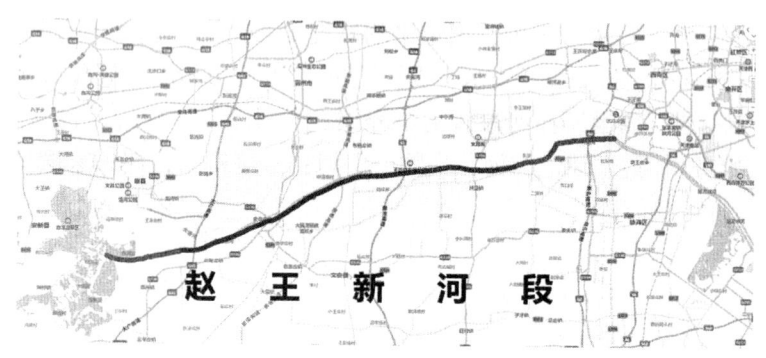

图9-2 赵王新河段

目前，北运河赵王新河段目前还处在刚开发状态，大运河文化系统保护传承工作有待进一步开展。

二、廊坊市大运河文化带建设现状

为挖掘大运河文化蕴含的内涵和价值，解决大运河文化带建设过程中遇到的难题，廊坊市积极加快推进大运河文化带建设，具体工作如下：

（一）持续加大文物保护工作力度

2011年，经廊坊市政府积极争取，国家文物局划拨财政专项资金300万元，用于红庙村金门闸维修保护项目。编撰《运河——香河》（中英文对照）、《中国大运河——香河》宣传册并向省文物局报送，为廊坊北运河遗产保护工作造势并争取支持。

依据河北省政府《中国大运河河北段遗产保护规划》，廊坊市政府积极对接省文物局,研究编制了《廊坊市运河遗产保护规划(2010—2030)》,对北运河廊坊段河道、青龙湾减河、土门楼枢纽、金门闸遗址、宝庆寺、王家摆老地名以及国家级非遗项目安头屯中幡等相关遗址遗产进行宣传保护。

廊坊市政府积极协调省文物局为规划设计单位提供业务咨询、文物保护方面指导和建议以及运河历史文化的背景分析,协助其做好规划、建设。市政府印发《廊坊市关于加强文物保护与利用工作的实施意见》(廊政〔2016〕2号);研究出台了廊坊市第一部地方性文物保护法规《廊坊市文物保护管理办法》,加大廊坊段重点文物巡查力度,设置北运河保护标识和界碑,公布情况简介、文物等级、举报电话等内容。

(二) 大运河廊坊段周边非物质文化遗产保护与传承

廊坊市政府及有关部门认真贯彻《中华人民共和国非物质文化遗产法》《河北省非物质文化遗产条例》等法律法规,通过加大资金扶持、组织展演展示等方式,不断推动全市非遗保护工作深入开展。2010年,廊坊市争取中央财政专项资金30万元,用于国家级非遗项目安头屯中幡保护传承;安头屯中幡发展至今已有托塔、脑件和老虎大揿嘴等100多个动作,在全省乃至全国民间花会中独树一帜,吸引众多爱好者投身到中幡表演中,目前拥有会员百余人。2008年安头屯中幡入选第二批国家级非遗名录,香河县安头屯镇被文化部命名为"中国民间文化艺术(中幡会)之乡",2012年香河县被中国文联命名为"中国中幡文化之乡"。

(三) 不断推动京津冀北运河文化旅游带建设向纵深发展

廊坊市高度注重京津冀区域间的运河文化研讨互动、情感沟通,积极参与天津市北辰区、北京市通州区举办的北运河艺术节"运河文化与区域经济发展"论坛,先后主办了京津冀运河书香节、运河寻踪、运河文化·廊坊书香传承发展论坛等与运河相关的重大文化活动。

2017年3月，北京通州、天津武清、河北廊坊三地联合成立"通武廊旅游合作联盟"，推出北运河精品文化之旅、运河风情之旅和运月寻宝之旅三条以运河文化为主题的文旅精品线路，推进"通武廊运河旅游带"建设，为京津冀运河文化旅游的发展做出新的尝试。

另外，廊坊市围绕"通武廊运河文化"开展了以"携手通武廊、畅游北运河"为主题的通武廊旅游产业发展大会、"京津冀京南休闲购物旅游区"中国旅游日交流等活动，以及通武廊文化旅游创意产品展等一系列丰富多彩、注重实效、利民惠民的主题活动，不断推进大运河文化旅游带建设，扩大运河文化影响力。

三、廊坊市大运河文化带建设的规划

（一）谋划建设北运河文化中心

在大运河文化带建设规划方面，廊坊市以"全域旅游、运河文化展示、香河博物展示"为功能定位，建设集玩看香河、香河文物展示、运河记忆、民俗体验等于一体的展馆；多角度、全方位地收藏、研究和保护北运河文化，反映和展示北运河的厚重历史、原生态和风情民俗，让大运河文化带建设惠及广大人民群众，加快提升廊坊城市文化素养。

（二）打造北运河文化旅游品牌

廊坊市结合美丽乡村建设和香河县全域旅游示范县创建，通过科学规划整体布局，将北运河沿岸金门闸遗址公园、美丽乡村、运河码头、运河驿站等景点进行连接，增加"中幡会"、通臂拳、民间花会等民俗表演，推出一批北运河文化旅游精品线路，着力打造高品质滨河休闲带。不断完善北运河沿岸交通路网、游客集散中心、餐饮住宿等服务设施，建立健全长效管理机制，提高北运河文化旅游服务质量。同时，借力各类宣传媒体平台，加强北运河文化旅游宣传推介，扩大北运河文化旅游品牌的影响力。

（三）谋划建设北运河文化旅游产业带

继续做大做强北运河周边现有的国安创客基地、新桥影视基地、运河文化创客小镇、机器人小镇等文化产业，发挥其引领带动作用，建设北运河特色非遗小镇、杨家将文化小镇等，大力发展文化旅游创意产业。创新沿岸村街发展新模式，将北运河文化元素植入沿岸村街发展，不断丰富运河沿岸村街文化内涵。借助大运河申遗的影响力，探索运用市场化模式，组织开展运河文化节、美食节及运河龙舟赛，等等。

（四）精准抓好规划衔接

坚持以国家和省政府层面规划为指引，深化完善廊坊市大运河文化带发展研究成果，编制完成《廊坊大运河文化带保护传承利用实施规划》和《廊坊大运河文化带保护传承利用实施方案》，以规划引领大运河文化带高质量建设。

（五）强力修复生态环境

大力推进大运河河道生态治理和河道景观建设，加强各个部门的紧密配合，以及环境执法力度，形成大运河生态环境管理保护的常态、有效系统机制；持续改善大运河及周边区域生态环境，最终做到天蓝树绿水清，提升人民幸福指数。

（六）加快实施通航计划

科学合理配置和调度水资源，实行河道全线补水，全力保障生态和通航需水。谋划启动"京冀界至王家摆桥"段旅游通航工程，到2020年年底，北运河廊坊段京冀界至青龙湾减河岔口处完成清淤疏浚、航道治理，实现分段旅游通航。

（七）加快推进项目建设

加快推进金门闸遗址公园、土门楼枢纽水文化教育基地和旅游标识标牌、旅游道路、旅游厕所等旅游基础设施建设；启动实施大运河国家文化公园北运河廊坊段建设。

(八) 大力加强沟通协作

协同京津有关部门，积极争取国家有关部委将北运河旅游通航工程和相关生态文化旅游项目纳入大运河国家文化公园重点工程、重点项目，在规划、政策、资金等方面给予支持。对清淤扩挖、码头建设、桥梁改修、闸坝改造、旅游道路等水利整治和航道治理工程项目，协调海委、交通部对"防洪评价、通航评价"尽快给予审核批准。推动与京津的互联互通，在旅游通航调查勘察、规划方案编制、工程项目建设、管理运营等方面加强与京津的对接，统一水资源配置，并对相关水利工程进行整改扩建，积极推进与京津特别是北京通州段的互联互通，力争北运河全线旅游通航。

四、廊坊市大运河文化带保护、传承现状

(一) 廊坊市大运河文化带保护现状

1. 运河修复情况

北运河生态整治项目规划，拟分三期在香河北运河全段、堤线以内的26平方千米范围，实施防洪、河道岸线修复及生态湿地、景观绿化等工程建设。北运河香河段PPP项目工程起始于曹店橡胶坝，终止于土门楼闸，全长8.6千米，目前正在实施中。该工程包括河道主槽清淤疏浚及岸线防护、堤防加高培厚、堤顶路面及堤坡防护、主槽两岸生态驳岸及湿地系统建设。

香河还在实施多个运河沿线景观绿化工程，包括运河文化公园建设和运河廊道生态建设等。目前，沿岸两侧1000米范围内全部实现绿化，绿化面积达1.2万亩，大运河香河段生态景观整体形象得到明显提升。

香河县政府认真落实河长制，实施河道整治工程，对河道内违建进行拆除，对岸线垃圾进行集中清理，先后完成姚家务险工和曹

店跌水橡胶坝修复工程，完成曹店橡胶坝至土门楼枢纽段8.6千米河道清淤疏浚、6.46千米岸坡防护，防洪标准提高到50年一遇。

2. 香河非物质文化遗产情况

目前，香河拥有与大运河相关的国家级非遗项目1项：安头屯中幡；省级非遗项目4项：大河各庄竹马会、五行通臂拳、香河西南街音乐会、烧蓝技艺；市级非遗项目10项：香河吹歌、王家摆大头会、大鲁口村龙舞、西路评剧、文武高跷会、玉雕、花丝制作技艺、蚨琅镶嵌制作技艺、古建模型制作技艺、香河肉饼制作技艺。这些非物质文化遗产与大运河有着密切联系，保护这些非物质文化遗产将有利于大运河文化的保护与传承。

3. 香河文物遗址情况

香河境内运河两岸文物点共计8处，分别为：位于红庙村南的红庙村金门闸遗址；位于王指挥庄村北清、民国时期的宝庆寺遗址；位于孙家止务村西民国时期的孙家止务村西沉船点；位于红庙村南明清时期的红庙村村南沉船点；位于陈辛庄村西北清代的陈辛庄村遗址；位于王家摆村年代不详的王家摆村墓群；位于吴打庄村西金元时期的吴打庄村西沉船点；位于王家摆村东明代的王家摆村东沉船点。其中，红庙村金门闸遗址是清代北运河及青龙湾减河（王家务引河）重要的水利工程设施，也是北运河保存至今唯一的清代减河闸遗址，对研究北运河乃至中国大运河的历史具有重要的价值。

4. 香河大运河旅游景区情况

香河境内现有4A级景区2个：中信国安城、金钥匙景区；3A级景区1个：水岸潮白景区；2A级景区2个：锦绣潮白景区、新城厂场。

香河还在积极开发香河潮白河大运河国家湿地公园，该公园将形成一个连通水体，环绕香河县县城，建成美丽的花园式城市。湿地公园包含青龙湾、北运河、潮白河和万亩荷塘。目前，湿地保护体系初步建立。该公园已于2020年建设成为重点保护野生动物的繁殖栖息地、华北湿地文化旅游目的地、北京天津城市后花园、河北省水资源保护利用示范基地。

廊坊协同京津,同步治理北运河。运河文化公园已经建设完毕并对外开放,绿化面积增加约24万平方米。京津冀协同向纵深发展,北京中信国安投资有限公司与香河县合作建设的北运河香河段生态综合整治项目正在建设中,下一步将加快推进安运桥核心区景观、生态驳岸、滨水景观带等工程建设。①

5. 打造京津雄东淀文旅休闲区

2016年,文安县赵王新河湿地公园被河北省林业厅批复为省级湿地公园建设项目。廊坊"十三五"规划也强调了推进赵王新河湿地公园的建设。2020年9月22日,文安县鲁能生态城举办廊坊市文旅产业发展大会开幕式,霸州市、文安县和大城县三地联合承办,主题为"赏人文东淀,游乐道廊坊"。为期两天的大会包括开幕式、廊坊市文化旅游工作推进会、项目观摩、廊坊文旅产业发展大讲堂暨文化旅游发布会等议程。鉴于新冠肺炎疫情,大会开展"云签约"、商品"云销售"等活动。廊坊市文广旅局还搭建网上"云展厅",重点宣传展示文安大清河人文纪念馆、赵王新河洼淀文化景观带、霸州牤牛河历史文化公园、大城正德发艺术馆、中国红木城等,旨在打造永不落幕的文旅大会,以此来表明将围绕大运河文化开发廊坊南部三县的决心。

(二) 廊坊市大运河文化传承举措

1. 着力强化统筹推进

廊坊市成立大运河(廊坊段)文化带建设工作领导小组,由

---

① 宋美倩:《河北赋予大运河文化带新内涵做好保护、传承、利用三篇文章》,新浪网,http://news.sina.com.cn/c/2019-04-02/doc-ihtxyzsm2445426.shtml。

市委市政府管理，发改委、文化和旅游、自然资源和规划、水利、生态环境等市直责任部门和香河县、霸州市、文安县等相关县（市）主要负责，统筹推进大运河（廊坊段）文化带建设。相关县（市）参照成立相应组织机构。时任市委书记冯韶慧亲自谋划、亲自部署、亲自推动，2019年分次听取大运河香河段综合整治工作汇报、大运河保护传承利用规划汇报和专题研究省《关于加快实施北运河廊坊段旅游通航的工作方案》，就深入抓好各项工作落实、扎实有力推进大运河文化带建设进行安排部署，重点包括北运河旅游通航、文化带建设、水生态修复、环境整治等工作内容。

2. 着力做好顶层设计

2018年6月，廊坊市通过招投标聘请北京中咨海外咨询有限公司，结合实际情况，启动了《廊坊运河文化带发展研究报告〈廊坊大运河（香河段）保护传承利用实施规划〉》编制工作。目前，研究报告和实施规划均已形成初步成果，对大运河廊坊段文化带的定位和发展方向、空间布局、体制机制创新、支撑政策、遗产保护利用、绿色生态廊道、河道整治以及疏浚通航、旅游发展、沿线新型城镇化和美丽乡村建设、产业融合和结构升级等进行了深入研究和谋划。

3. 着力抓好运河遗产传承保护

2017年12月，香河县成立香河县大运河文化研究会，深入挖掘研究整理大运河历史文化资源，先后编辑出版《话说北运河》《古运流香》等书籍。组织开展"运河文化节"、学术研讨、成果展览等系列活动，讲好大运河故事。通过推动非遗保护工作深入开展，保护传承中幡文化。如香河县被中国文联命名为"中国中幡文化之乡"，香河县安头屯镇被文化和旅游部命名为"中国民间文化艺术（中幡会）之乡"。为加强与京津地区运河文化的研讨互动、情感沟通，香河县积极参与"京津地区北运河艺术节""运河文化与区域经济发展"论坛，先后举办了京津冀非遗联展、中幡文化交流大赛等一系列重大文化活动。

值得一提的是，全国首张大运河文化传播"云名片"在香河诞生。2019年8月12日，香河大运河文化传播"云名片"在首届香河县文化和旅游产业发展大会上正式发布上线。① 香河大运河文化云名片包括"香河印象、运河钩沉、文化志略、地图导览"四大部分。其中"香河印象"包含香河概况、民宿、非遗、交通、历史、美食和节庆介绍；"运河钩沉"涵盖北运河的漕运水务、流域变迁和香河段的运河传说、风物遗存、历代名人、淑阳八景、村镇源流的介绍；"文化志略"分为香河的传统曲艺、传统戏剧、传统音乐、诗词文化、传统手工艺、传统武术、民间花会七大类内容；"地图导览"用图文和VR全景介绍香河代表性的历史遗存和文化设施，并具有一键导航功能。

香河大运河文化云名片在手机上就可以观看，方便快捷。该云名片实现了文字、图片、音乐、视频、VR全景多频互动，可以说是香河大运河文化的数字博物馆，将对香河大运河文化的传播起到重要催化作用。

4. 着力推动文化旅游融合发展

廊坊市积极挖掘利用北运河、潮白河天然资源，将牛牧屯引河和商汪甸排干连接，形成北运河与潮白河闭环，将香河县包围在水乡之中，建设北运河生态文化体验带和潮白河乡村田园体验带，打造成水上香河。香河各地充分发挥美丽乡村资源优势，利用闲置民居，大力发展"一房主题、一院世界"的特色主题民宿。如香居小筑、水岸潮白等40余家规模化的特色民宿已相继建成开放，初步形成了"住民居、赏民俗、干农活、吃农饭"的旅游新业态。其中，以万亩荷塘为龙头打造生态观光农业品牌，组成了潮白河万亩荷花带、刘宋镇万亩荷塘等六大荷花主题景观，生动再现了"接天莲叶无穷碧，映日荷花别样红"的盛景。

---

① 刘振山：《全国首张大运河文化传播"云名片"在香河诞生》，搜狐网，https://www.sohu.com/a/333743455_798118。

五、廊坊市大运河文化带发展策略

(一) 加速大运河文化的融合

廊坊市大运河文化带已有的旅游景点积极挖掘利用运河文化资源，赋予具有文化底蕴、鲜活生命力的新景点。北运河周边现有的国安创客基地、新桥影视基地、运河文化创客小镇、机器人小镇等文化产业要紧密融合大运河文化，形成文化底蕴厚实的新产业。例如，结合美丽乡村建设和香河县全域旅游示范县创建，通过科学规划整体布局，将北运河沿岸景点进行连接，增加民俗表演，推出一批北运河文化旅游精品线路，着力打造高品质滨河休闲带。

另外，廊坊还不断完善北运河沿岸交通路网、游客集散中心、餐饮住宿等服务设施，建立健全长效管理机制，提高北运河文化旅游服务质量。同时，借力各类宣传媒体平台，多渠道拓宽大运河文化带的建设。

(二) 扶持优势项目做大做强

廊坊历史上无数次遇到水害和战争灾难，当地人民饱受其苦。但香河县同时也受到北运河的恩赐，运河历史遗存非常丰富，这些运河沿线风俗实物遗存包括：定光佛遗物和"弹唱坡"遗址、王指挥庄宝庆寺遗址、金闸门遗址、曹家水务所遗址等。这些散落的历史遗存没有形成合力，单一的文化资源很难引起旅游者的浓厚兴趣。历史上，廊坊地区南街中原文化、北融游牧文化处在逐鹿中原的必经之路，廊坊也成为古战场的交兵之处。东周时代，廊坊地处赵、燕、齐三国交界之地，战争不断。宋辽金时期，廊坊面临草原帝国与中原政权频繁统治的局面。从文物遗存上看，廊坊地区"纵向不断代、横向有内容"。历史遗存对廊坊百姓来说是一笔无价的财富，传承着一个地域的历史与文化脉络。只有将这些宝贵财富有效组织起来做大做强，才能改写人们对廊坊"太年轻"的偏见。

（三）发掘本地文化特色

廊坊市大运河文化带的建设也在如期进行中。在廊坊市政府的主导下，廊坊市大运河文化带建设积极对接京津冀运河开发。在这个过程中，廊坊市要保持自己的文化特色，增强廊坊文化在京津冀的存在感，避免形成审美疲劳；深耕大运河文化带和旅游通航工程各项规划，彰显廊坊特色；还原北运河原始风貌，融入当地已有的遗迹和遗物，设计网红"打卡地"；重点宣传和建设香河的水上城市特色，配套各种水上娱乐设施，努力将香河建设成为北方的"威尼斯"；挖掘香河运河文化内涵，以运河沿线特色小镇为重要支点，形成特色小镇集群；充分利用金门闸、中幡等特色文化价值，提升香河运河文化品质，增强香河运河文化传承能力，努力打造香河运河流域的历史文化和风俗民情，形成地标景观，提升香河运河文化的整体影响力和辐射力。

（四）发挥大运河京津冀一体化建设中枢纽带作用

香河大运河建设是连接京津冀交通一体化的新节点、环境优化的新轴线、人文融合的新纽带，更是新兴产业的新驱动力量。香河运河文化带建设要主动作为，借势而上。

廊坊要不断完善运河工作机制，充分抓住北运河旅游通航的宝贵契机，实现廊坊环境大变样的愿景。积极与北京、天津无缝对接，依照政府主导、市场化模式运作、分段分批实施的原则，分任务、重责任、建机制、严把关、回头看，形成一套科学管理体系。廊坊市大运河建设要积极对接北京通州和天津武清，为北运河实现全段旅游通航发挥纽带作用。发挥廊坊大运河作为京津冀一体化建设中的纽带作用，推动廊坊文化和经济融入一体化进程。通过香河北运河文化辐射带，从"点—线—面"入手构建多点支撑的香河运河文化带发展格局；通过"示范区—集聚区—辐射区"的运河城市文化体系，带动廊坊南部三市的大跨越式发展，发掘廊坊大运河的经济支点价值和城市带的辐射力，提升廊坊影响力。

（五）加速开发赵五新河段的大运河文化带建设

大清河赵五新河段，由白洋淀入文安、霸州境内。文安、霸州的大运河文化带建设刚刚起步，和廊坊北运河文化带的建设相比差距甚大。文安、霸州的地方政府要将本地大运河开发提上日程，借助大运河（廊坊段）文化带建设工作领导小组这一有利条件，学习北运河乃至全国范围内的运河开发建设中的成果和经验，形成白洋淀下游特色文化产业，带动廊坊南三县整体经济大幅提升。

（六）建设大运河文化遗产数字化和文化遗产呈现平台

大运河文化遗产是人类文化的重要组成部分，也是中华民族文化多样性的依托部分，更是不可再生的珍稀文化资源。放眼世界，任何一种优秀的传统文化，只有与时俱进，不断创新发展，同时又彰显自身传统的特色魅力，才能保持其持久的生命力，为人们的幸福生活提供条件，实现人们精神生活和物质生活永不匮乏的局面。目前，有很多非遗项目缺乏创新，逐渐被时代遗忘，成为人们遗忘的历史而不能再现。随着信息科技、大数据、云计算等应用，信息处理、经济发展、思维方式将会发生深刻全面革新，这也为廊坊的大运河文化遗产的继承和保护带来了新的历史机遇。

1. 打造廊坊大运河文化遗产大数据云平台项目

廊坊市应积极打造廊坊运河文化遗产大数据平台，将其建设成智慧化、数字化、数据化的平台；通过云计算、大数据、区块链等先进技术建设廊坊大运河文化遗产的大数据共享和分析平台；针对廊坊大运河文化中包含的非遗项目、传承人及其作品制定统一的分类标准；借助网络、通信、创意、新媒体、金融等行业力量，跨界融合，构建廊坊市大运河文化非遗的全方位生态布局，传承和发展廊坊大运河文化精髓，呈现其历史价值和艺术魅力。

另外，还应利用数据库技术和多媒体现实技术将廊坊的大运河文化遗产资源整合到网络平台，建立廊坊大运河文化遗产数字博物馆，支持网络环境中廊坊大运河文化遗产资源的检索，同时支持互动式的网络浏览、编辑、交流，建立廊坊大运河文化遗产交流平台。

项目总体目标是搭建一个廊坊大运河文化遗产数据库，最终以网站的形式发布。在数据库方面，要实现较高的性能，在查询方面提供强大的功能，完善其实时性能，同时要具备可拓展性和安全性。网站的主要功能包括廊坊大运河文化遗产资源的查询、多媒体资源的展示、用户交流平台以及管理员的后台维护。在查询方面，提供多种选择，包括普通功能查询、高级功能查询以及条件查询。不仅包括对廊坊大运河文化遗产资源进行搜索，同时包括相关新闻、图片以及视频的搜索。在多媒体资源展示方面，可主要通过文字、图片以及视频来充分展示廊坊大运河文化遗产的特色。主要的工作内容有：数据库设计与建设、WEB界面开发、业务编码实现功能、系统测试、部署与维护。

2. 搭建大运河文化遗产传承人在线交流与联络平台

廊坊市政府可以依托各种平台资源优势，引导市场大力推广大运河文化中非遗的新媒体运营，培养大批有影响力的平台账号，制订一系列针对大运河文化中非物质文化遗产保护传承与创新发展计划。

（1）开发大运河文化数字化收录系统。建设廊坊大运河文化数字化收录系统，搜集并整理廊坊大运河文化内容，对此进行辨别、归档、保护、开发、宣传。

（2）筹划廊坊大运河IP保护方案。搭建物联网云服务平台，加强知识产权和文化版权保护，构建廊坊大运河文化知识产权及物权保护体系。

（3）推出大运河文化非遗传习计划。廊坊师范学院设有廊坊市非遗研究中心，可以通过与廊坊非遗传承人合作搭建研修、研习、培训平台，将廊坊市各种大运河文化非遗技艺充分融入教学课程和培训实践，从而提升廊坊市整体非遗衍生产品的设计制作及开发能力。

（4）推出廊坊大运河文化全媒体推广计划。整合廊坊市广播电视台、廊坊日报社、廊坊师范学院传媒系等资源，构建廊坊市全媒体推广服务矩阵，在品牌创新、运营方面精准着力，为廊坊大运河文化非遗传承人、项目、机构等提供立体、快捷式的聚焦于文化品牌价值和影响力提升的专业服务。

（5）推出廊坊大运河文化全渠道营销计划。适应时代发展，研究人们的体验偏好和消费观念，联合廊坊市现有的仓储平台，搭建廊坊大运河文化遗产新销售平台，融通线上线下各类销售渠道与终端，为全国用户提供零负担体验式购物方式，做到"可见即可视，可视即可购"。连接用户与廊坊大运河文化非遗企业及传承人，积极推动传统产品新转型，让更多用户了解到廊坊大运河的文化内涵和审美价值。

（6）推出廊坊大运河文化智慧发展计划。借助大数据的海量资源，搭建AI分析系统、数据创建模型，通过数据分析，反哺促进大运河非遗创新发展，从而形成绿色循环的大运河非遗保护传承生态体系。还可以通过创新意识来审视大运河的深厚文化内涵，在秉承传统、不失本色的基础上，使大运河文化实现动态传承。

（7）推出廊坊大运河公益慈善计划。联合社会各界积极筹建廊坊大运河公益慈善基金，以公益的方式集中社会各种资源，本着共赢的思路，为廊坊大运河非遗保护传承和发展注入持久动力和活力。

3. 大运河文化内容创作

构建好廊坊大运河非物质文化遗产大数据平台和云平台后，力争生产出高质量内容。内容创作包括：

（1）建设廊坊非物质文化遗产门户网站。网站可以分成政策、资讯、资源、学术、教学等模块。里面包括所有的视听元素，可以链接相关网址、廊坊旅游景点等。

（2）开发手机App小程序。比如廊坊大运河非物质遗产云导游、南汉宫廷忆述小镇、老天利景泰蓝等。

（3）微课制作。制作各种大运河文化非物质遗产的课程，传授制作工艺，普及相关非物质文化遗产相关知识。

（4）视频制作。创作廊坊大运河文化宣传片，以实现"非遗创城"；通过说产品、讲故事，展示各种主题和大运河文化结合的创意视频，以及适合在抖音等平台投放的系列短视频，增强大运河文化的新媒体运营和变现能力。

（5）新媒体运营。在短视频平台运营有创意的大运河文化账号，扶持一批有影响力的廊坊大运河文化代言人。在网络中形成大运河廊坊文化账号的集群现象，整体提升廊坊大运河文化的影响力和辐射力。

（6）开发沉浸式VR虚拟现实和三维全息影像系统。在数字媒体和新媒体环境下，廊坊大运河文化中现有的部分"非遗"没有进行充分有效展现，应借助文化同"黑科技"不断融合的契机，运用AR/VR技术将大运河"非遗"项目原始性地、活灵活现地展现在人们眼前，使大运河"非遗"得以原生态传承。比如文旅小镇、景泰蓝、运河景象等制作过程和场景的虚拟体验。大运河非物质文化遗产活灵活现的展现是多维度的整体性工程，可通过增强现实技术和虚拟现实技术对廊坊大运河非物质文化遗产进行"活化"传承。另外，利用三维全息影像系统可以将大运河文化展馆现实场景与虚拟景物结合，达到梦幻的视觉效果（见图9-3）。

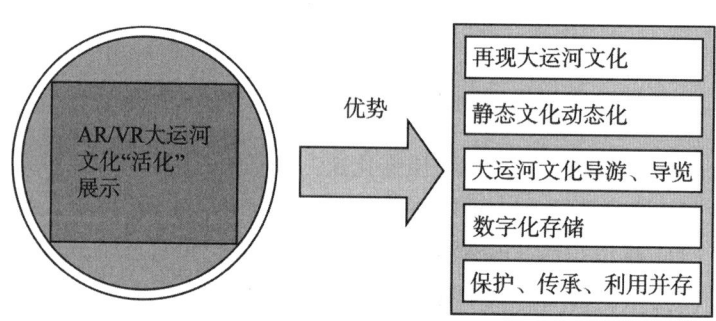

图9-3 大运河三维全息系统的数字化呈现

（七）加大与当地院校科研合作

（1）利用好廊坊师范学院旅游规划与发展研究所科研成果。该研究所以科研为主导，积极对接廊坊文旅发展和经济建设，已成为廊坊市经济发展智库。应以政府主导、研究所调研、市场运作模式，挖掘廊坊市现有的大运河非物质文化遗产，调查其数量、类型、空间分布、资源价值评价；调研潜在的非遗资源，为廊坊市大运河非遗申报提供基础支持。

（2）开发大运河非物质文化遗产旅游线路。研究并设计"廊坊大运河非遗精品旅游线路""非遗体验之旅""非遗研学之旅"等旅游线路，对非遗项目的类型进行深度开发，以带给游客沉浸式的体验，为推广精品线路、打造品牌线路奠定基础。

（3）研究大运河与旅游融合模式。研究廊坊市大运河非物质文化遗产与节庆优势相结合的发展模式，探索出符合廊坊大运河非遗发展的新模式、新路径。打造香河"运河宴美食体验中心"，将廊坊大运河非遗美食汇聚至美食体验中心，将非遗美食、手艺展示、游客DIY体验、非遗美食销售融为一体，打造廊坊大运河"打卡地"。

（4）研究大运河非遗产品新销售模式。以永清县别古庄核雕小镇为例，研究如何在大数据、人工智能等先进技术手段的支持下，实现线上服务、线下体验以及与现代物流深度融合的非遗产品新销售模式。

（5）研究大运河非遗的传承与保护，努力形成覆盖廊坊大运河非遗全门类的研培工作体系。立足廊坊，借助廊坊师范学院非遗研究中心的研究优势，协助文化传承人群增强传承能力，推动创新性发展。在继续做好传统工艺领域研究培养工作的基础上，积极开展传统艺术表演类非遗项目传承人群的研培，扩大其影响力，培养传承人，使非遗文化健康发展。

（6）普及大运河文化。充分利用高校资源，多学科联动，普及大运河知识，通过多种群众喜闻乐见的形式，让非遗走进群众生活。例如，拍摄一部"廊坊大运河"宣传片，打造一支"廊坊大运河"宣讲员团队，编排一部"廊坊大运河"歌舞情景剧，打造一支"廊坊大运河"工艺科研小分队，等等。

廊坊大运河文化全面系统严格的挖掘工作依然任重道远，其多元价值体系研究还不完善，要深层次挖掘和培养所需的各类专业人才。另外，还要做好廊坊大运河文化保护、传承、开发、利用的各项工作，用文化思维、科技思维、互联网思维为廊坊经济插上理想翅膀，带动廊坊大运河文化与经济的腾飞。

第十章 邯郸市大运河文化带发展现状及策略

建设邯郸市大运河文化带,对于坚定文化自信、提升邯郸市运河沿线城镇影响力意义重大。近年来,运河沿线城市高度重视利用运河文化遗产资源发展文化产业。本章分析大运河由盛转衰的历史原因,以及它在当今社会中所具备的文化、政治、经济等方面的资源优势,以此为基础,论述借助品牌效应、旅游、多媒体平台等方式振兴运河文化的可行性。在分析邯郸市大运河文化带文化产业发展现状的基础上,探讨运河文化产业带发展的原则、路径,以此推动邯郸市大运河文化带沿线城镇文化产业的创新与发展。

一、邯郸市大运河文化带整体概况

(一)邯郸市大运河文化带的地理环境

《汉书》记载,"邯郸南据大河(古黄河),北有燕、代,楚虽胜秦,必不敢制赵,若不胜秦,必重赵,赵承秦、楚之弊,可以得志于天下"。可见邯郸地理位置在历史上的重要性,其在当代也有"河北省南大门"之称。在中国古代,大运河邯郸段主要流经邯郸地域东南部的魏县、大名、馆陶三地,名称上有所变迁,如东汉末期称"白沟",隋唐时期称"永济渠""御水""淇水"等,宋金元时期称"御河",明清时期称"卫河",今称"卫运河"或"漳卫运河"。

（二）邯郸市大运河文化带的时空构成

古代邯郸市域内大运河沿着西南向东北流经魏县、大名、馆陶，基本沿着河北省边界同河南和山东接壤（见图10-1）。

图 10-1　大运河在邯郸的位置

1. 白沟

黄河下游在历史上以"善淤、善决、善徙"而著称，白沟的前身就是黄河某条改道后遗留下来的河道。周定王五年，黄河自宿胥口（今河南省浚县、滑县一带）决口，改道流向东北，原河道在承接了上游河流的来水之后就成为一条新的河流，这就是"白沟"。但是，由于白沟水比相邻的漳河、黄河清澈，因而白沟下游也称"清河"。东汉末年，曹操先是攻打袁绍，后又经营河北之地建设邺城，就依托天然的河道白沟，将其疏浚、开凿成了运河，通过白沟的运兵、运粮，将中原的洛阳和河北的邺城紧紧联系在一起。

《三国志·魏书·武帝纪》记载："建安九年春，正月，遏淇水入白沟，以通粮道。"东汉末年，曹操在征服华北地区的系列战争过程中，已经开始大规模利用已有水系，并开凿人工河道以组成符合军事、政治需要的运河系统。曹操占据邺城并在此建立都城后，利用白沟沟通黄河以南许昌与邺城及北方广大地区，并在华北平原利用地理环境开凿了一系列水道，促进了地区之间的交流。

郦道元《水经注》："又北迳高城亭东，洹水从西南来注之，又北迳向亭东，即魏县界也。魏县故城，左与新河和，洹水枝流也。白沟又东北，迳铜马城西。白沟又东北，迳罗勒城（今大名县西北）东，又东北，漳水注之，谓之利槽口。自下清漳、白沟、淇河咸得通称也。白沟水又东北，迳空陵城（今大名县境内）西，又北迳乔亭城（今馆陶县境内）西，东去馆陶县故城十五里，县即《春秋》所谓冠氏也，魏阳平郡治也。淇水又屈迳其县北。又东北迳平恩县（邱县）故城东，其水又东过清渊县（今馆陶县境内）故城西，又历县之西北，为清渊故县，有清渊至名也……"当时的白沟从邺城东南部经过，经临漳东南流向东北。

2. 永济渠

白沟是中国北方开凿大运河的开端，隋炀帝在此基础上开凿了直达北京的永济渠。永济渠在隋代受到战乱影响，河道破坏严重。隋炀帝为了巩固北方政权，远征高丽，决定在黄河以北，利用曹魏白沟故道，修凿直达涿郡（今北京市南）的永济渠。《资治通鉴·卷第一百八十·隋纪五》记载："春，正月，乙巳，诏发河北诸军百余万穿永济渠，引沁水南达于河，北通涿郡。丁男不供，始役妇人。"永济渠是一条运河，以河南为起点，途经山东、河北、天津。修建永济渠的目的是连通南北，让南方的粮食可以运到北方。

永济渠的工程对中国的南北交流起到了不可估量的作用。

隋代的永济渠不再经过今临漳县,而是从河南省内黄县经魏县回隆镇进入邯郸。《魏县志》:"大业四年,隋帝诏发河北诸君百万劳工开永济渠,在御河镇(今魏县回隆镇)设码头。"永济渠经今魏县回隆镇一带向东北流经今魏县东往乡、北皋乡、前大磨乡、南双庙乡、仕望集镇、野胡拐乡、沙口集乡,又东北进入今大名县;经大名县铺上乡、兆固乡、黄金堤乡,后进入今馆陶县;经馆陶县王桥乡留庄村、寿山寺乡武范庄村、柴堡镇齐堡村、路桥乡陈路桥村后,进入邱县,经丘城折向东流,复入馆陶县;经清阳故城西侧北流,向北进入邢台市临西县境内。徐万仓村在今馆陶县东南角上卫河与漳河交汇处,传说当年这里是皇粮运经京城的集散地,因为河岸上建有密密麻麻的粮仓而得名。唐代是永济渠漕运最为繁荣的时期。在魏县御河、魏粥、馆陶、永济设有漕运码头。当时,为了漕运的需要,永济渠多有疏浚与开凿,在邯郸市境内的流域一些区段也有变化。

3. 御河

北宋定都开封,开始逐渐形成以开封为中心的中国古代人工水运系统。庆历八年,黄河在檀州商胡埽决口,向北流经大名入永济渠,永济渠名渐废,改称"御河"。宋金时期的御河与隋唐时期的永济渠相比,发生了很大变化。河北的永济渠,到唐末、五代因北方常年战乱,航道废弛,以后契丹、辽国势力向南发展,永济渠北端所在地区已不归北宋管辖,宋辽以白沟河为界,永济渠的通航只能到达乾宁军(今河北青县),北会合界河而入海,永济渠南端引沁水入黄河的水口早已淤塞。如《馆陶县水利志》载:"宋代永济渠仍为河北漕运要道,自卫州以下能航行三、四百石的船只,四季可以通航。"对于永济渠的淤塞,早在北宋时期也进行过修缮,熙宁二年(1069),神宗诏令提举官程昉疏浚御河。但由于当时黄河改道频繁,小范围的疏浚无法改变大局。金代的《河渠志》没有记载金代的粮仓设在哪里,由此可见北宋时的黄河北流对御河的破坏,在金朝时仍没恢复,可能在金朝也对御河进行过维修,但还没等修复完成就已改朝换代。

定都大都（今北京）的元朝，对于漕粮是有着极度渴求的。其充分利用永济渠老河段，并且对因黄河改道损毁严重的，选择适宜行船河道进行改造、疏通，将新、老河道连在一起，形成了在整个元朝时期都十分重要的南粮北运通道——新的永济渠、御河。据《元史·志第十六·河渠志》记载："御河，自大名府魏县界经元城县泉源乡于家渡，南北约十里，东北流至包家渡，下接馆陶县三界口。"在元代，经大名府沿馆陶徐万仓的御河东线是当时漕运主要路线，从今大名西北经包头村至馆陶的御河航线已开始衰落。

4. 卫河和卫运河

卫河是海河水系五大河流之一，在邯郸魏县境内全长15.9千米，在大名境内全长45.5千米。历史上卫河是从魏县境内西南经东北穿境而过的母亲河。明代以来，由于黄河北侵，漳河南迁，泥沙淤积，卫河曾多次由北向南迁移。清代据乾隆年间崔述的《大明水道记》记载，当时的卫河又南迁至内黄县界菜园村，由此东流，在张二庄村南入魏县境，向东北流经军寨村北、留固村西、中烟村东、田教村西、长兴村东，又经楼底村、寺南村、楼寺头村东和旦町村，入大名境。明代，卫河经大名艾家口附近北流馆陶。民国期间，据民国二十三年《大名县志》记载，当时的卫河再次南迁，自内黄县楚旺镇南东北流入魏县境，过第六店村南，向北过北留固村南，又东北过英丰村东，入南乐县境，后进入大名。民国初年，卫河失修，河床淤积，码头崩塌，船舶破旧。1937年，日军占领魏县、大名后，又在卫河航道布设沉船、桥桩等，致使航道完全中断。1945年，魏县、大名全境解放，为恢复卫河航道，人民政府组织清理卫河航道，向船民发放贷款，支持水运发展。1963年，卫河近2000年的水上运输宣告结束。

大运河馆陶段又称卫运河，是卫河自大名县进入馆陶徐万仓村与漳河汇合后至四女寺枢纽的统称。卫运河是典型的源于复式断面蜿蜒型半地上河，历史悠久。它的前身与卫河一样，源于曹魏时期的白沟、隋唐时期的永济渠、宋元时期的御河、明清时期的卫河。

(三) 邯郸市大运河文化带城市发展

大运河的开凿和使用反映了古代人们建造超大水利工程，创建人类新水系的能力，堪称人类伟大工程，构成了独特的文化遗产。大运河沿岸一直是人口密集、经济发达、商贸兴盛、科技先进、思想活跃的地区。由于大运河沿岸南北方的生活习俗、建筑形态、大众文化、价值观和文化特征不同，造就了运河带上文化的多样性。大运河呈现的线性文化具有包容性、统一性、开放性，从而形成了丰富的文化形态。大运河的兴起，催生了邯郸沿河一系列城市的形成和发展，以邺城、大名府、馆陶县运河古镇为代表的古代城市，为我们留下了丰富的文化遗存。

大运河沿岸的文化是复杂多样的，包括多样的物质文化遗产和非物质文化遗产等。沿岸的传统会馆，是大运河盛行时期的代表。南来北往的商人、游客、学子在此留下了痕迹。会馆在当时的职能、形成的原因、建筑的审美和建造技艺各有不同，体现了因运河而衍生的不同地区的会馆文化。而在大运河沿岸的非物质文化遗产更是与经济、政治、社会生活有着直接的联系。如戏曲、杂技、丝绸、瓷器、茶叶等这些传统文化和技艺与人息息相关。发展好大运河沿岸非物质文化遗产，有利于更好地将传统历史文化发展延续，再现当年运河沿线商贸往来和文化交流的盛况。文化的传播和经济的发展，使这一地区多年来形成了非常宝贵的特色文化，也推动了当地经济、旅游、文化产业的发展。

二、邯郸市大运河文化带保护现状

(一) 文化遗产保护力度不断加强

邯郸市境内大运河沿线的文化遗产类型多样、分布广泛、文化价值高，具有多样性及复杂性特征。大运河在隋朝时的主要职能就已是漕运，千年的发展使漕运在大运河上衍生出庞大的人流物流，

二、邯郸市大运河文化带保护现状

随着时间的推移逐渐影响着运河的兴旺及两岸经济的繁荣。元代，隋唐大运河被截弯取直，自此京杭大运河开启了明清两代漕运的新辉煌。19世纪60年代，随着洋务派改革，火车、汽车等近代交通工具逐步出现并快速发展，中国早期的工业化与城市化进程加快。南北铁路干线的贯通以及近海海运的兴起与航空事业的发展都大大削弱了大运河作为沟通南北人流物流的重要功能，让大运河丧失了在交通运输领域的主导性和竞争力。

目前，大名县拥有数量巨大的文保单位遗址（见表10-1）。

表10-1　　大名国家级、省级文保单位一览表

文保级别	名称	面积（m²）	年代	类别	批次
国家级	大名府故城址	2600000	前燕至明	古遗址	第六批
国家级	五礼记碑	10	唐、宋	石窟寺及石刻	第六批
国家级	大名天主堂	50000	清、民国	近现代建筑	第七批
省级	狄仁杰祠堂碑	2	唐	石窟寺及石刻	第二批
省级	朱熹写经碑	2	明	石窟寺及石刻	第二批
省级	马文操神道碑	2	晋	石窟寺及石刻	第二批
省级	罗让神道碑	1	唐	石窟寺及石刻	第二批
省级	沙疙瘩诫碑	3	清	石窟寺及石刻	第二批
省级	万堤墓群	3000000	唐	古墓葬	第二批
省级	郭彬墓	1000	元	古墓葬	第三批
省级	宣圣会旧址	50000	民国	近现代建筑	第五批
省级	明大名城址	1100000	明	古遗址	第三批

2020年6月，邯郸市《关于加快大运河文化保护传承利用的决议》制定了邯郸市大运河周边文化遗产和文物保护的相关规定。首先，要在国家、河北省制定的大运河文化保护基础上，尽快出台邯郸市大运河文化保护传承利用规划纲要。其次，要充分体现因地制宜、实事求是的原则。统筹考虑大运河沿线相关县域经济发展与

人口分布、生态建设、环境保护、资源利用，在依托大运河历史文化资源和特色资源的基础上，形成馆陶、大名、魏县保护开发利用特点，避免同质化发展，努力形成邯郸统一的大运河旅游品牌。同时要加快推进大运河水系生态修复和沿岸绿化工程。第一，保证大运河常年通水，积极协调上游水源，通过对漳河岳城水库进行水资源调配，发挥卫河、卫运河通水和灌溉功能；第二，建设大运河绿色生态廊道，改善大运河生态环境；第三，统筹抓好重要节点建设，带动周边区域文旅产业稳步发展；第四，落实责任主体，完善政策措施；第五，加大大运河邯郸段的宣传力度；第六，挖掘、整理大运河纪念馆馆藏实物和相关宣传内容，以考古成果和挖掘的实物来支撑大运河邯郸段的悠久历史，并成立邯郸市大运河文化保护传承利用专班，结合大运河文旅产业发展，讲好大运河故事，加强大运河文化文艺作品创作。

（二）运河文化资源体系不断完善

邯郸市以大运河文化为主线融合了沿线古都文化、名人文化和建安文学民间传统艺术等文化形态，通过现代社会的不断演变，得到了延续和弘扬。如以古渡口为例：魏县有回隆渡、双井渡、泊口渡、阎家渡、冯摆渡；大名有岔河口渡、庙镇庄渡、曹道口渡、赵家站渡、苑家湾渡、善乐营渡、顺道店渡、东门口渡，至今仍留有古代青石石桩；馆陶有马头渡、窝儿头渡、迁堤行渡、罗家渡、清泉渡、尖冢镇渡等。馆陶县的"驸马渡"遗址在今县城东。相传，西汉文帝长女馆陶公主刘嫖与驸马陈午、宣帝长女馆陶公主刘施与驸马于永，曾由此渡口进出，馆陶也因而得名。邯郸市境内大运河流域自古以来就钟灵毓秀、人文荟萃，诞生了西晋著名文学家、考古学家束晢，大唐名相魏徵，唐朝名将、诗人郭震，宋代谏官"殿上虎"刘安世等许多历史名人。仅大名一地就涌现出"一帝"（王莽）、"二后"（汉元帝王皇后、明嘉靖陈皇后）、"三阁老"（黄立极、成基命、成克巩），其中唐代姜师度、宋代王沿等还是治理河道、发展航运的历史名人；也有近代抗日英雄范筑先，中共早期革命活动家郭隆真，黄委会第一任主任、现代治水名人王化云等。同时，作为北方的政治、军事中心和重要的地区，各朝也有不少有才能的官员和名人，如曹操、四大名相（狄仁杰、韩琦、寇准、包拯）、宗泽等在此任职，留下了一代代佳话。这些资源类型丰富、特色显著、要素结构合理，成为邯郸大运河文化的重要支撑。

（三）各项制度扶持力度不断加强

2018年以来，河北省文化和旅游厅积极支持大运河沿线实施现代公共文化和旅游服务体系、旅游业转型升级等项目建设。邯郸市也利用这一机会，逐步构建邯郸大运河智慧旅游体系，积极推进提升运河两岸景观、风景道配套体系和交通枢纽旅游服务配套设施。

2020年，国家发改委联合多部司印发了大运河文化发展的4个专项规划，指导沿线省市编制了8个地方实施规划。在规划体系中，国家发改委联合国家文物局、水利部、生态环境部、文化和旅游部分别编制了文化遗产保护传承、河道水系治理管护、生态环境保护修复、文化和旅游融合发展4个专项规划，为大运河文化保护传承利用各专项领域工作提供了全局性、支撑性指引。目前，邯郸市在科学制定大运河保护规划、深入挖掘大运河历史文化资源、充分展示大运河邯郸文化的地域特色等方面积累了宝贵经验，取得了丰硕成果。

三、邯郸市大运河文化带利用现状

根据邯郸市水资源情况和国家实施的"南水北调"中线工程、河北省"引黄入冀"西线工程一期工程调剂给的供水总量，邯郸市自2008年就启动了东部生态水网综合开发规划的编制与实施。紧紧围绕加快推进区域经济中心建设、促进城乡面貌大变样等经济社会发展目标，按照"因地制宜、统筹发展、全面规划、分步实施、讲求实效"的原则，强化规划先导作用，利用公共资源，对东部生态水网进行全面完善、综合开发，以提升生态水网综合利用效果和对经济社会发展的贡献率。

(一) 水网保护利用

邯郸市在加强农村河湖绿化方面，利用总河湖长令，建成地表水高效"输""蓄""用"水网体系，促进地下水超采治理和农村人居环境改善，打通河渠最后"一千米"。其中，总河湖长令以县级总河湖长总负责，各县级河（湖）长具体对辖区农村河渠进行全面调查研究，并部署开展修复建设工作。县级河（湖）长在管好护好负责河湖的前提下，将管理范围延伸至下一级支斗渠；农村坑塘设置村级坑塘长和管护员，明确管护任务。总河湖长令要求，以疏通河渠"最后一千米"为目标，与整修坑塘连通，切实发挥引江、引黄、引漳、引卫工程作用，实现多引、多蓄、多用，回灌补充地下水，改善河湖水生态。

(二) 绿网建设

邯郸市在绿网建设方面，发展林业经济，形成新的林业经济增长点。坚持"因地制宜，适地适树"的原则，以乡土树种、常绿树种为主，在生态水网骨干河渠种植速生丰产林和护堤林，并在精品线路段培植风格各异、错落有致的树间低值宜生花草，强化渠道植被自我修复能力，提高东部平原森林覆盖率。积极帮助村庄做好规划设计、景观打造等工作，展现出高度负责、高度自觉、高度团结的工作精神。以大名为例，该县 2016 年对全县城区空闲地等进行全面绿化，按照"道路添绿、广场增绿、拆墙透绿、庭院见绿、机关园林化"的主体绿化模式提高城乡森林覆盖率。

(三) 高效农业带建设

恢复建设水网延伸渠系供水工程，促进东部水网沿线农业结构调整，形成四个各具特色的高效农业产业区，是邯郸市提高农业带建设效率的重要举措。该市要求，抓好小型农田水利重点县和现代农业项目建设，打造高标准农田水利灌排体系。

（1）高效园艺作物展示区。以永年、鸡泽、曲周和广平县为重点，以滏阳河、东风渠的北部水系为基础，满足永年4万亩日光温室生产示范区、10万亩优质大蒜生产示范区和17万亩两网膜越夏蔬菜生产示范区，以及曲周0.2万亩节水示范区和鸡泽1万亩优质辣椒示范区的用水需求。

（2）高效立体套种植区。以邱县、曲周、肥乡、成安为重点，以滏阳河、民有渠水系为基础，满足四县共40万亩棉蒜、棉葱、棉瓜、棉麦、粮菜套种示范区的用水需求，提高土地综合产出效益。

（3）优质专用粮油生产区。以大名、馆陶、临漳、魏县为重点，以民有渠、卫运河水系为基础，满足大名11万亩优质专用小麦生产示范基地、2万亩花生生产示范区，魏县10万亩优质专用粮食生产示范基地，临漳10万亩优质专用玉米生产示范基地，馆陶5万亩优质专用粮食生产示范基地的用水需求，确保粮食安全。

（4）现代特色农业生产区。以魏县、广平、肥乡、永年、（原）邯郸县、马头生态工业城、临漳、磁县为重点，以民有渠、滏阳河水系为基础，依托现有农业资源，突出现代农业、生态观光，重点保证三干渠与东风渠间130亩农业观光带、鲜活农产品采摘园、莲藕观光区、芦苇荡游玩区、花卉园、西瓜基地的用水需求，并对沿渠坑塘进行开发利用，因地制宜地进行水产品养殖和水生植物种植，促进区域特色农业发展，建成现代特色农业生产区。

（四）景观旅游带建设

以大运河文化旅游为主体，培育大运河生态水网精品观光旅游。如打造"大运河+赵文化"的旅游项目，在大运河沿线发展山水游、乡村游、风情休闲游、采摘农业、观光农业等，挖掘丰富"大运河+文化"地域特征，与大运河沿线的水网、水域景观及节点工程共同构筑独具特色的大运河生态文化景观旅游线。

（1）水利风景文化游。以魏县梨乡水城水利风景区为例，该风景区位于邯郸市魏县，依托环城水系而建，属于城市河湖型水利风景区，景区面积38平方千米，其中水域面积8.2平方千米。景区依托邯郸市东部水网建设城市河湖水系，先后建成"五河一湾、五湖一源、三十六桥景观"及城东南小循环等工程，形成环景区河湖水系66千米，生态水面9000余亩。区内风光旖旎，草木葱茏，已形成了以水城观光、水上休闲、梨花观赏、品位原生态文化为骨架的格局。

（2）水利历史人文游。包括水利文化园、鬼谷子祠、豆公至钟楼寺枢纽段水网风景线、临漳南湖公园、邺城三台、引漳十二渠等。如凤湖湿地景区，位于肥乡城区东部，以凤湖湿地为中心，建成了六桥十景，突出体现了"体验农耕乐趣、品味农业情怀、享受田园生活、感知民俗风情，智享乡野湖水"的大农业大旅游理念。

（3）大运河乡村休闲游。如馆陶县公主湖湿地公园，还位于县城规划区中心金凤大道北侧，景区设计突出"自然+湿地+人文"特色，利用现有地貌和历史遗迹，依托馆陶深厚文化底蕴和人文资源，精心打造了"一湖、两广场、三馆两中心、三岛、十四桥"为主线的观光节点，形成了完整而清晰的游览线路。

该公园自然景观以湿地良好生态环境和多样化湿地景观资源为基础，以湿地科普宣教、湿地功能利用、弘扬湿地文化为主题，绿化面积达到60余公顷，植物品类127种，乔木3600余株；绿地系统"以线为主，点面穿插"，打造出具有坡地造型、色彩搭配、四季有景、三季有花、各显特色的园林景观，建成为集生态观光、休闲娱乐为一体的社会公益性生态公园，被评为河北省三星级公园。公园的建成投用大大改善了居民生活条件，提升了县城品位，为打造生态园林县城，建设魅力、时尚、美丽的生态馆陶起到了积极的推动作用。

（4）永年湿地太极游。包括西八闸（省级重点文物，古人治水工程：广仁、普惠、便民、济民、广济、润民、惠民、阜民八闸）、杨露禅故居、武禹襄故居、毛遂墓、弘济桥（同赵州桥齐名的古石拱桥）、广府古城（隋唐古城墙）、永年洼湿地（乘船、垂钓、"平干八景"）。如永年洼，其是继白洋淀、衡水湖之后的华北第三大洼淀，依靠滏阳河供给及雨水积存。永年洼经过近几年的保护修复，呈现出"芦苇茂盛、鱼虾共生，碧水风荷、雁戏鸟鸣"

的景象，并拥有秀美的自然风光和深厚的历史文化底蕴。相传，直隶总督方观承治蝗放粮路过此地，为古城美景所动，题诗一首，至今勒石犹存，真实细腻地再现了广府的水乡景象。

（5）水网源头山水游。包括跃峰渠（红旗渠姊妹渠，生态水网水源引渠，包括险峰渡槽、十里洞、海乐山电站、跃峰渠首）、漳河小三峡（吴家峡、马鞍峡、皇岩峡）、炉峰山、天宝寨景区。例如跃峰渠纪念馆陈列照片、实物400多件，还有不同时期修渠施工的纪录片，真实再现了40多年前兴建跃峰渠的英雄业绩，把人们带回跃峰渠建设的火红年代。虽然大部分百姓生活用水已经不再依赖跃峰渠，但跃峰渠仍是邯郸东部水网和流域水源置换的重要水源。

四、邯郸市大运河文化带发展策略

（一）加强文化自觉和文化自信

邯郸市大运河文化带建设符合本市大运河文化发展策略和当地文化特征，应紧密结合国家和河北省政府方针。在"实现中华民族伟大复兴中国梦"的历史背景下，推进邯郸市大运河文化带建设，保护好、传承好、利用好大运河，已经成为当下时代的重要命题。

大运河不仅是我国"活化千年"文化，也是我国打造世界级文化发展平台、增强文化自信和文化软实力的重要载体。大运河为后人留下了无数的文化遗产以及与大运河相关的非物质文化遗产，将这些庞大而分散的文化资源进行发掘，并形成与邯郸市大运河文化相关的数据库，是一项巨大系统工程。当前，邯郸市大运河文化带建设已经成立了工作领导小组，汇聚全国专家提供智力支撑和学理支持，推动大运河从"地理空间"转化为"文化空间"，全面加快邯郸大运河文化带建设各项工作。

首先，邯郸市大运河文化带建设要坚定信心、统筹推进。坚持以保护为先，加强大运河文化遗存的考古发掘和保护工作，全面梳理与当地大运河文化相关的文物资源，保护好运河文化遗存。其次，要认真梳理大运河邯郸段重大历史事件，编制大运河文化的乡土故事，让大运河的文化传承有载体，形成"故事化"的讲述模式。最后，大运河文化带建设要以水为脉，让大运河的历史文化内涵产生更多的经济价值和文化价值。

（二）邯郸市大运河文化带建设融入国家战略

当前，世界上以"运河"为载体的城市有 3000 多座，在世界范围内，运河可以构建出"世界运河命运共同体"。邯郸作为河北省的地级市，在燕赵文化和河北大运河文化的传承谱系中有举足轻重的分量。因此，邯郸市大运河文化带建设应把握京津冀一体化、河北雄安新区建设的历史机遇，将邯郸市大运河文化带建设融入国家战略，完善大运河文化遗产保护与开发策略，协调好与国家、省、市之间的关系。

另外，邯郸市要梳理好与本地区文化特色密切相关的文化遗存和非物质文化遗产，结合邯郸市千年文化和运河特色，以大运河文化保护和延续为根本目标，打造"千年运河"鲜活的文化范本。

（三）建设好邯郸大运河国家文化公园

近年来，"国家文化公园"一词在国家重大会议上多次被提到，向我们传递出中华优秀传统文化创造性转化创新性发展、传承革命文化、发展先进文化等一系列重要指示。在 2017 年 1 月 25 日，中办、国办印发的《关于实施中华优秀传统文化传承发展工程的意见》指出："保护传承文化遗产……规划建设一批国家文化公园，成为中华文化重要标识。"这是国家文化公园建设在国内首次被提出。2018 年 2 月，中央文化体制改革和发展工作领导小组把"开展国家文化公园建设试点"列为年度工作要点，国家文化公园试点建设被正式提上工作日程。随后中宣部下发了《长城、大运河、长征国家文化公园建设方案（讨论稿）》，提出在河北省开展长城国家文化公园的试点建设，在江苏省开展大运河国家文化公园试点建设，在贵州省开展长征国家文化公园试点建设。2019

年7月24日,审议通过了《长城、大运河、长征国家文化公园建设方案》,标志着我国国家文化公园建设进入实质性推进阶段,同时也开启了文旅融合发展的新纪元。2019年10月,党的十九届五中全会对"十四五"时期传承弘扬中华优秀传统文化,强化重要文化和自然遗产、非物质文化遗产系统性保护,建设国家文化公园提出明确要求,为推进国家文化公园建设注入了强大动力。

邯郸市的大运河国家文化公园建设,要成立大运河国家文化公园管理处,加强条线资源的管理,构建工作协同与信息共享机制,在政策、资金等方面为地方创造条件,形成市统筹、县负总责、分级管理、分段负责的工作格局。同时,要对邯郸地区运河周边遗产进行抢救性保护,依托运河文化遗址,建设运河码头博物馆、漕粮仓储博物馆、水工科技馆、水利博物馆,打造数量丰富的核心展示园、集中连片的集中展示带、点状布局的特色展示点,使之成为具有中国气派、邯郸特质的活态文化地标。

(四)健全法规保障

邯郸市大运河的保护应该有法可依,在一定程度上需要借鉴其他国家制定运河法的规律和经验,制定符合邯郸市大运河发展规律的邯郸段大运河保护法规,从政策上健全大运河邯郸段综合管理体制,理顺邯郸市大运河企业、部门和政府之间的关系。另外,还应明确邯郸市大运河文化带建设的时间表和路线图,夯实大运河邯郸段文化保护传承利用的基础,整合各类执法资源,依法查处大运河邯郸段遗产本体、保护范围和建设控制地带各类违法事件。

(五)加强大运河保护资金保障

邯郸市应设立大运河文化带发展基金,形成大运河文化带建设资金保障机制,服务于邯郸大运河文化的产业发展。一是要加快基金落地及实体化运作,为大运河文化带建设提供专业化、多样化的财政金融支持;二是加强与基金契合的社会资本对接,引导带动多方资源主体参与大运河文化带建设;三是加强项目库建设,为大运河文化旅游基金市场化运作奠定坚实的基础;四是规范政府资金使用机制。

邯郸市大运河沿线也要统筹安排资金并鼓励社会资本参与,推动大运河文化旅游发展基金,重点支持跨区域运河文化遗产保护传承、河道水系治理、生态环境修复、文旅融合发展重点项目,积极推进邯郸市大运河文化带和国家文化公园建设。

第十一章　邢台市大运河文化带发展现状及策略

大运河邢台段主要承担物资运输和文化交流的重要作用，是连接南北运河漕运的重要河道，造就了邢台东部前后千余年的辉煌历史，积淀了丰富的文化遗存。其中，包括 10 余处大运河物质文化遗产和非物质文化遗产。

一、邢台市大运河文化带整体概况

大运河邢台段由临西县尖冢镇流入，流经清河县境，从清河县渡口驿村流出，全长 58.1 千米。其中，临西县大运河长 39.21 千米，清河县大运河长 18.89 千米。目前，大运河邢台段已经全线断航，主要以行洪为主，兼具排涝和灌溉功能。

大运河邢台段基本是历史上京杭大运河运河河道位置，河道平均宽度 600~1200 米。沿线分别有古建筑、古窑址、古墓葬、古碑刻等物质文化遗产，它们见证了运河使用过程中在经济发展、文化传播、民族融合等方面所承载的历史作用，体现了运河沿岸人民的生产生活方式、思想观念和社会风情。

（一）大运河临西段

历史上隋唐大运河和今卫运河均流经临西，造就了独特而辉煌的运河文化。第三次全国文物普查数据显示，临西共有文物点 64 处，其中世界文化遗产 1 处（卫运河临西段）、国家级文物保护单位 1 处（临清古城遗址）、省级文物保护单位 1 处（八里圈清真寺）。同时，还有传统戏剧乱弹、手工挂面制作技艺和传统武术潭

第十一章　邢台市大运河文化带发展现状及策略

腿3个项目入选省第三批非物质文化遗产名录。

（二）大运河清河段

清河是隋唐运河和京杭大运河的交汇之地。历史上流经清河县的大运河有两段：一是隋朝开凿的大运河——永济渠；二是今存大运河——京杭大运河卫运河段。

隋唐运河：现已埋藏于地下，在贝州古城西侧，清河县境内流经长度约为29千米，平均宽度为150米，途经15个村，南经王官庄镇王洼村入境，北至葛仙庄镇王成后村入清凉江。隋唐运河流经清河县境内为永济渠，是隋、唐、宋运输军需粮饷的主要交通干线，有着500多年的航运史，记载着厚重的历史文化。省级文保单位——宋代贝州古城因其而建，贝州历史上曾是中国的纺织基地，北宋时期贝州是中国北方的物资集散中心、军事要地，有"天下北库"之称。南宋时期因黄河水患，河道埋于地下。

京杭大运河：在县境东南部，是清河县与山东夏津县的分界线，在清河县境内有600多年的历史，途经12个村，南经油坊镇二哥营村入境，北至油坊镇渡口驿村出境。有两处国家重点文物保护单位——大运河油坊码头和朱唐口险工。码头共有6个，是中国北方保存最完好的码头。

二、邢台市大运河文化带保护现状

从文化内涵看，大运河文化遗产所蕴含的内涵有物质文化和非物质文化两种。物质文化是硬件，如大运河遗留下的河道、堰坝、船闸、桥梁、船舶、码头、城址、衙署、驿站、仓储、钞关、商铺、公馆、寺庙以及碑刻、标记等形式的珍贵文物、古迹。这些看得见、摸得着的文化元素包含着深厚的运河文化基因，构成了大运河的外在表象，是建设大运河文化带的基本依据和前提，也是大运河文化传承利用的重要载体。大运河是流动的文化，它穿越千年时空，见证了时代的更替，承载和繁荣了不同区域的经济文化。大运河沿线人民借助于水进行人际交往、贸易往来、文化交流，衣食住行、生活方式、行为规范等都发生了质的变化,沿运河地区逐渐演化出内涵十分丰富的民间传说、曲艺、歌舞、传统技艺、民俗礼仪等非物质文化遗产。①

(一) 临西县运河文化遗产

1. 物质文化遗产

(1) 国家重点文物保护单位——临清古城遗址。

临清古城位于今临西县(古称临清县)仓上村,是北魏至金代的古城遗址,古城呈长方形,南北长3000米,东西宽1500米,占地面积约4.5平方千米,1127年因水患和大运河东迁等原因被废弃。目前,仅存北城墙和北城门遗址,北城门在北城墙中部偏东位置,有明显的夯土层。2013年5月,临清古城遗址被国务院核定为第七批全国重点文物保护单位。城内尚存净域寺、文庙、县衙等遗存,在古城东南,有大范围的墓葬区,城址内采集标本主要有白釉瓷片、青釉瓷片等。

(2) 省级文物保护单位——八里圈清真寺。

八里圈清真寺是邢台保存较为完整的清真寺,自明代宣德年间至今已有580多年的历史,是冀东、鲁西一带著名的清真寺之一。八里圈清真寺建筑可分五大部分,自东往西依次分布如下:寺门、前大殿、后殿、拱窑式殿。其中,中殿建于嘉靖年间,清代末年增建后大殿。尤其是后大殿的斗拱木建筑及大殿两侧的雕刻刻工精湛,代表了古代建筑的较高水平,也是研究明清时期建筑艺术的实物资料(见图11-1)。

(3) 龙潭寺遗址。

龙潭寺遗址位于尖冢镇龙潭村,是中华武术潭腿(临清潭腿,由昆仑大师创建)的发源地。古寺在黑龙潭中,故名龙潭寺,潭腿也得名于此;龙潭寺始建于初唐,历经五代、宋金元明,至清代

---

① 张国永:《隋唐大运河邢台段河道考古调查与勘探简报》,《运河学研究》2020年第2期。

图 11-1 八里圈清真寺

而损毁,直至 20 世纪五六十年代,仅存的两间庙宇也被拆除,拆庙后水位下降,直至干涸,今龙潭寺的遗址上出土有唐宋砖瓦、明清习练潭腿所用的石墩、清代观音像等许多文物。龙潭寺遗址现为邢台市级文物保护单位(见图 11-2)。

2. 非物质文化遗产

(1)临西乱弹。临西乱弹是河北省级非物质文化遗产,产生于明正德与万历年间,后流传到民间,又因此剧兼容其他声腔,故称"乱弹"。临西乱弹剧种古老,底子较厚,剧目多为朝廷忠奸戏。目前,已整理出传统剧目 100 余种,包含《曹操杀宫》《临潼山》《杨金花夺印》《大刀王怀女》《李闯王进京》等。临西乱弹行当有生、旦、净、丑四大行。曲调主要包含 40 余种,道白和歌词都用普通话,伴奏乐器管乐为主,唱腔高亢悠远,行腔声笛一体而悠扬。临西乱弹历史久远,声腔独特,剧目丰富,有着深厚的群众基础,特色鲜明而完整,在我国民族曲艺中占有重要地位。

(2)尖冢手工空心挂面。尖冢手工空心挂面距今已有 400 多

图 11-2　龙潭寺遗址

年的历史，是当地小有名气的特色美食。万历初年，王氏二十八世祖王垣始创手工空心挂面，其子孙王廷铨使工艺日臻完善，传进皇宫，万历皇帝甚喜爱，封为贡面，并随口吟联"宫廷玉液酒，尖冢空心面"。空心挂面的制作工艺不需要烘烤，通过自然晾干，细如发丝，入锅即熟，久煮后不烂，是上好的传统面食。

(3) 临清潭腿。中国武术素有"南拳北腿"之称，"北腿"则以临清潭腿为代表。潭腿起源自临清县的龙潭寺，因此故名临清潭腿。临清派正宗潭腿功法奇特，精招实用，变无形象，出奇制胜，共有拳脚三十余路，器械五十余种。钩、决、镢、镗、带为本派的主要器械。"拳打三成、脚踢七"是临清派正宗潭腿特色之一。临清潭腿是一种以腿为主的拳术，有"北腿之杰"之称。

(4) 贡砖烧制技艺。贡砖又称临清贡砖，其烧制分布于今临西、临清运河两岸，已经有 500 多年的历史。贡砖的质地优良，不碱不蚀。临清贡砖的烧制历史悠久，从目前发现的实物看，在汉代已经烧制大型的建筑用砖。自明代初期,临清贡砖成为北京皇家建筑的主要材料,在北京故宫、天坛、地坛、日坛、月坛及城墙和城门楼、钟鼓楼、文庙、国子监及各王府营建中皆可看到贡砖的使用。贡砖烧制工艺繁杂,首先选取黄河故道淤积的"莲花土",经过碎土、过筛后,选出没有杂质的精土放入水池中浸泡。经过一年多的浸泡后,再用水搅拌成泥浆,去水分后,形成泥坯,再经过人或牲畜的反复踩踏后,去除泥内气泡。之后进入熟泥期。熟泥也称陈泥或醒泥,长时间的醒泥可以使泥坯更加细腻坚实。接下来是制坯、晾坯、装窑、焙烧、出窑等工序。当时贡砖品种有很多,有金砖、贡砖、城砖、券砖、斧刃砖、线砖、平身砖、望板砖、方砖、脊吻砖、刻花砖等,这些贡砖产品经过严格的检验后,用黄纸封装,通过运河码头运往京师。

(5) 临西饼卷肉。临西饼卷肉又称临西肉卷饼,俗称饼卷儿、吹喇叭,至今已有170多年的历史。以河北省邢台市临西县县城为中心,向方圆200千米辐射。河北省的临西、威县、清河、邱县、馆陶、邢台等县,以及山东省临清、聊城等地,都有"临西饼卷肉"这一特色美食。饼卷肉巧妙地将饼和肉合二为一,吃法新鲜独特。其特点是:选料精良,制作考究,饼肉相叠,层层相卷,饼身油亮,形如喇叭;饼借肉香,肉借饼味,老幼皆宜,贫富同餐;以营养丰富、经济实惠、清香不腻、绵软适口见长,香味浓郁而悠长,风味独特,令人回味无穷。临西饼卷肉,凭借着营养丰富、物美价廉、经济实惠,以及良好的品质和特殊的制作工艺,成为面食种类中的佼佼者,是中华民族饮食文化的一项传统绝活。

(6) 临西臭豆腐。临西臭豆腐起源于临西县老官寨镇西水波村,300多年来承传不息。临西臭豆腐,具有"色如青,香如醇,嫩如酥,软如绒"的特点,富含蛋白质、氨基酸、植物性乳酸菌和维生素 B_{12},极易被人体所吸收,具有健胃、调节胃肠道功能和预防老年痴呆的功效。临西臭豆腐制作这一独具特征的传统技艺,蕴含了浓厚的民族特色,具有深厚的文化内涵。

(二) 清河县运河文化遗址

1. 物质文化遗产

(1) 贝州故城遗址。贝州故城遗址位于邢台市清河县城东、城西村周围,由夯土筑成,城池呈长方形,至今城垣断续可见。在贝州故城的北城尚存城垣500余米,城墙高6米多;西北角尚存200米,城墙高4米多;西南城角尚存200米,城墙高5米多。

北周宣政元年(587)正月,周武帝"行幸邺宫。分相州广平郡置洺州,清河郡置贝州,黎阳郡置黎州,汲郡置卫州;分定州常山郡置恒州;分并州上党郡置潞州"。① 这是初置贝州时间,但是文献中没有提到筑城的信息。隋代时,永济渠的开凿,贝州城因为是舶来的城市而得以快速发展;唐沿隋制,发挥了大运河的漕运能力,在此设立"天下北库"。目前,贝州古城遗址已被列入第八批全国重点文物保护单位名单。清河县政府在贝州古城遗址的基础上继续规划,拟建设贝州故城遗址公园。

(2) 油坊码头遗址

油坊码头位于清河县城东南偏北15千米处,与山东省夏津县隔海相望(见图11-3)。油坊镇北王庄《王氏家谱》记载,明建文四年(1402),山东寿光县大王庄人王守中、王充德、王明德三人迁居广平府清河县王家庄(今油坊镇北王庄),永乐年间,王充德在村南开设榨油坊,再后李姓迁此定居,逐渐发展成村,"油坊"遂成村名。油坊码头是河北、山东等地的商品集散地,是大运河上较有名气的水陆码头和物资集散交流中心,被誉为"清河县的小上海"。明代,大运河漕运为南北主干线,油坊古镇是大运河上的重要码头之一,有客运、百货、煤炭等多种码头,码头建筑材质以青砖为主,辅以干砌石、浆砌石以及少量砖砌建筑。

(3) 国家重点文物保护单位——朱唐口险工。朱唐口险工位

---

① 许嘉璐主编:《二十四史全译·周书》,汉语大词典出版社2004年版,第69页。

图 11-3　油坊码头遗址

于清河县朱唐口村，全长 961 米，清末建成后到 20 世纪 90 年代，朱唐口险工已经过历次修缮。险工材质分别为抛石坝、干砌石及浆砌石坝、井柱网格坝、青砖砌三合土坝，不同的材质代表了不同时期险工的不同做法，从侧面反映了大运河堤防治理技术的不断改进。险工有效减轻了洪水对河堤的冲刷，防止了溃堤的发生，具有很高的水利科学价值。

（4）益庆和盐店。益庆和盐店位于油坊镇北侧，隔路即为油坊码头，是当时存放盐货的仓库，占地 10 余亩，现保存有盐仓、盐店账房、当时的盐官的官房等建筑，这些建筑多为清代建筑风格，现保存有 20 多间。其中盐店的账房 5 间，为清代道光年间所建，现保存基本完好。

（5）崇兴寺。崇兴寺是清河县古寺庙，位于油坊镇劝礼村东运河堤内，东临大运河河道，为耆民王希儒所建。崇兴寺规模宏大，寺内林木茂盛，前有大殿，后面筑有高台，高台之上建有玉皇阁。登上玉皇阁远远望去，远处烟雾缭绕，隐约可见邻近县城像飘带一样的城墙，以及参差不齐的参天树木。1947 年，崇兴寺被拆掉。1998年，经上级有关部门批准，清河县又在城西快活林公园内复建崇兴寺。

2. 非物质文化遗产

（1）省级非物质文化遗产（民间文学）——清河县武松与武大郎的传说。清河县不仅是武松的故乡，也是我国第一部现实主义长篇小说《金瓶梅》的背景故事原生地。据《金瓶梅》记载，武大郎身材高大，相貌堂堂，曾任山东阳谷知县；而其妻潘金莲，则是大家闺秀，知书达理，是贤妻良母，武松有一种"路见不平、拔刀相助、不畏强暴、迎难而上，明知山有虎，偏向虎山行"的精神，武松和武大郎的故事深深烙印于清河人的心中。20世纪八九十年代，清河县相关部门对武松、武大郎的传说进行了收集和整理，出版了《武松的传说》《武大郎传奇》等书。[1]

（2）清河中华张氏传统祭祀。据《张氏统宗谱·得姓郡望》记载：张姓得姓于黄帝之子挥，挥的后代世居清河郡，而清河也就成了张姓的一大郡望，故有天下张姓出清河的说法。现今，张氏祠堂的准确位置已难确定，故按照"立庙河南"（即今清凉江道南）的大致位置，复建祠堂。每年清明节，各村张氏族人代表都要到张氏祠堂，以猪、牛、羊、鸡四牲及素果为供品，祭拜祖先。清河中华张氏传统祭祀活动隆重而庄严，献花篮花圈、敬香、读祭文、叩拜以及道教音乐是活动的主要内容。21世纪以来，海内外张氏族人组团到清河寻根问祖、祭拜祖先的人越来越多。

（3）清河曦阳掌太平拳。据记载，明嘉靖之前，曦阳掌已经在南宫陶家屯一带流行，南宫宋家自称西凉掌。清代末年，有一老者来到清河、南宫一带传授拳脚，自称"曦阳太平拳"，在清河界内的卫运河两岸流传开来。曦阳掌太平拳源于少林四大硬掌之一，后又融入内家功法，内外兼修、自成一派。其要诀为：两手四扇门，全靠胯子去打人；抬腿不让步，让步不让路；一个胳膊三道

---

[1] 《清河县武松与武大郎的传说》，中国非物质文化遗产网，http://www.wenwuchina.com/article/201711/286433.html。

弯,不打这边打那边。

(4) 传统戏曲——清河县木板书。清河县木板书已入选第三批邢台市市级非物质文化遗产名录,在抗日战争前到1980年前后木板书艺人曾在抗日战争、解放战争、建设新中国及宣传党的政策方面作出过巨大贡献。清河木板书的基本特征:①河木板书演唱者使用的乐器有木板(檀木、红木或梨木制作长18.8厘米,宽4厘米)、牛皮小鼓(直径17.5厘米,高5厘米)、鼓槌(檀木、竹子或桑木制作,长约30厘米);②表演者左手持木板,右手持鼓槌敲鼓一个人演唱。木板书以说唱长篇传统曲目为主,说唱内容都是水浒人物和传统故事,其咬字讲究轻、重、皱、磨,表演讲究摔、打、拧、拙。曲调没有冗长委婉的行腔,简朴有力,高亢豪放,富有浓郁的地方特色。①

三、邢台市大运河文化带传承利用现状

(一) 临西大运河文化带传承利用现状

近年来,临西县紧抓大运河文化带建设发展新机遇,专门成立了领导小组,先后对陈窑遗址、汪江新村汉唐宋古墓群、隋唐大运河遗址、榆阳古城、临清古城等进行考古发掘和文物勘探,并对八里圈清真寺进行维护修缮,建成了临西县历史文化展览馆,对市级文化保护单位鲧堤进行设防保护,建立临西县运河非物质文化遗产名录体系。重点打造临清古城遗址、仓集古镇建设项目,龙潭寺遗址和潭腿传承项目,陈窑遗址和贡砖文化体验馆项目,促进文旅融合。临西县连续两年举办了中国临西"昆仑大师杯"中华潭腿传统武术精英赛,极大地宣传推介了临西运河文化,并出版了《临西今古》《罗竹林的故事》《月洼寺的传说》《清渊寻古录》《榆阳古城》《临西古今人物》《清渊砖瓦研究》和《临西故事》等历史

---

① 吉平:《河北省清河县木板书生存现状及保护研究》,《文学大视野》2012年第3期。

文化书籍，录制了《临西乱弹》《临西临清潭腿》《手工挂面制作技艺》等非物质文化遗产专题视频，在河北卫视非遗频道播出。①

临西县还深入贯彻落实党的十九大精神，坚定文化自信，积极推动非物质文化遗产保护传承，建立了非遗基地和非遗传承人档案，发挥艺人"传帮带"作用，将他们在生产过程中积累的宝贵经验，传给年轻一代的手工艺者；同时开展了"非遗进校园""非遗展演"等活动，增强了广大群众的获得感，激发了全社会对非遗保护传承的自觉性。

(二) 清河大运河文化带传承利用现状

近年来，清河县委、县政府深入贯彻落实习近平总书记关于"保护好、传承好、利用好"京杭大运河重要指示精神，打造以"运河文化"为主题，反映清河发展史、文化史和运河文化内涵的集交通运输、娱乐休闲、旅游形象展示等多功能于一体的大运河综合文化长廊。大运河综合文化长廊项目位于清河县油坊镇，项目主要分为"一带"（京杭大运河文化带）、"三区"（滕小圣文化体验区、运河文化核心区、河工文化体验区）和"多点"（沿线多个文化节点）。2019 年，重点打造大运河油坊码头至朱唐口险工段的核心区域，修缮堤顶路面并建设配套的健身步道，对核心区域两侧大堤进行绿化美化，打造油坊码头、断桥、瞭望台、朱唐口险工等景观节点，还成立了"大运河文化艺术联盟"，通过书画、摄影、展览等形式重塑大运河文化。②

曾经运河沿线繁荣发达的两座城市——临清县和贝州，后因黄河改道等原因，两座城市及周边被埋于地下，为这片地域留下了丰富的文化遗产。大运河邢台段河道在 20 世纪 70 年代已经丧失了通航能力，但是由于河道距市区较远，比较完整地保存了两岸居民的

---

① 《扬州市大运河文化考察组一行来临西考察交流》，临西县发布，https：//www.sohu.com/a/322284330_120041244。

② 《清河大运河畔文化旅游热》，邢台日报网，http：//www.xtrb.cn/xt/2020-10/14/content_767456.htm。

民俗、民风及生活面貌。当前面临的主要问题是，市级层面如何做好顶层规划，整合临西县、清河县丰富的大运河文化遗产，挖掘邢台大运河文化带新内涵，点线面相结合，因地制宜地传承保护，谋划产业项目推进文旅融合，丰富文旅产品和提供文创精品，打造亮丽文旅名片。

四、邢台市大运河文化带发展策略

大运河邢台段偏居邢台市东南一隅，河道干涸已断航，如何"保护好、传承好、利用好"邢台大运河文化遗产，使其在新时代活起来，在此提出以下发展策略，以供参考。

（一）统筹规划，做好大运河文化保护传承利用实施规划

邢台市实施规划应该以文化为"硬核"，做好大运河文化内涵的保护、传承和利用，弘扬昂扬向上的精神主脉。另外，大运河文化应该多层次、全方位、不间断地深化文化内涵，顺应大运河主导功能的变迁和新时代价值的引向，积极推进现代阐释、创新转化和创意传播，使之与社会主义核心价值观、新发展理念相融合，将大运河打造成中华优秀传统文化的创新传承示范区。[1]

（二）梳理邢台大运河文化遗产，点线面谋划产业项目，差异化表达大运河文化特质

邢台市应进一步开展邢台大运河文物资源调查，继续开展隋唐运河、大清河流域考古调查，开展有关河道、堤防、码头、设施等遗址考古，梳理文化遗产，在此基础上因地制宜谋划产业项目。

文旅融合发展是文化带传承利用的重要结合点。整体而言，邢台市大运河文化带的旅游环境不佳，表现在：①文化资源数量多，

---

[1] 熊海峰：《大运河文旅融合发展需要抓好五个着力点》，《中国旅游报》，2020年10月1日。

但缺乏竞争优势；②宣传力度不够，缺乏吸引力，由于宣传资源的匮乏致使大运河邢台段知名度不高，难以吸引游客；③可进入性差，难以形成聚合效应。在此，邢台市不妨借鉴廊坊市的做法。廊坊市香河县编制了乡村旅游发展规划，按照以点连线原则，实现运河文化游、生态观光游和美丽乡村游有机结合，使得北运河生态文化体验带成为香河旅游新亮点。①

（三）以需求为导向，整合邢台大运河文化遗产资源，推出主题鲜明的文旅专线

随着人们收入水平提高、闲暇时间增多及家庭轿车普及，全民旅游时代已经来临，而文化旅游需求是当下及今后一段时期旅游消费的新热点。元朝的著名水利专家郭守敬就是邢台人，他也被誉为京杭大运河总设计师，先后完成了 20 多项重大水利工程建设，如他独创的"梯级通航"方式，实现漕船由低向高的逆水行舟。因此，邢台市大运河文化带应整合其特有的文化遗产，形成特有的运河文化"IP"。如做好与郭守敬相关的文化资源，形成郭守敬纪念馆、郭守敬祖籍地——邢台县皇寺镇郭村、郭守敬隐居求学之地——紫金山等系列主题文化旅游，并利用"中国·邢台郭守敬科技文化周"提升城市文化底蕴。②

（四）建设多重交叉传播体系

在非遗保护传承利用上，可以由政府引导，同时在大中小学等教育体系中，针对不同的年龄段开展适龄的非物质文化遗产的介绍和活动，引导学生们不定期前往固定的非遗展示场所（如博物馆、文化馆、图书馆、非遗展示空间等）。除此之外，进行融媒体传播平台的构建，除电视、广播、报纸之外，注重网站特别是手机端传

---

① 宋美倩：《河北赋予大运河文化带新内涵》，《经济日报》，2019 年 4 月 2 日。
② 刘大群：《大运河线性文化遗产的旅游开发——以邢台运河旅游开发为例》，《中国名城》2009 年第 11 期。

播平台的搭建,加强非物质文化遗产保护传承利用。①

(五) 借用多方力量,围绕文化遗产策划专题活动事件,形成持续影响

当地政府可借助美术家协会、摄影家协会、作家协会、书法家协会、武术协会,策划专题活动事件,通过美术、摄影、文学采风、书法、武术活动等活动,定期开展交流,形成持续影响。

(六) 以互联网赋能,整合融媒体传播邢台大运河文化,发扬大运河精神

运用互联网平台推进科技创新,倡导运用网络让文化与旅游形成更好的产业模式,运用媒介平台推广,充分发挥优势,开发多元互动的运河文化带。还可以通过发展特色旅游的形式来进行真人秀节目、文化旅游节目介绍,最大限度地激发游客实地观赏的兴趣。在现场可运用 VR 虚拟场景技术,让人们看到大运河当年的盛景,了解大运河文化,体验大运河曾经的辉煌。还可通过演出舞台剧等艺术形式来传播邢台大运河文化,发扬大运河精神。

---

① 徐雯雪:《大运河江苏段非物质文化遗产的传播现状与对策思考》,《大众文艺》2020 年第 4 期。

后　记

　　河北文化产业的实践与应用是我10余年来研究的一个重要方向。2016年，我所带领的团队——河北大学文化产业研究院被中共河北省委宣传部认定为河北新型智库·河北省文化产业发展研究中心。2020年，在原有的基础上，河北省发改委设立了大运河文化产业研究院，使我们在河北大运河的研究上有了更高的平台和更便捷的条件。我对河北省文化产业的实践和应用研究也有了更高的谋划，期望产出更多有实际效果的成果。

　　在本书之前，我和我的科研团队已经出版了一系列与河北省文化产业的实践与应用研究的相关专著，包括《河北太行山文化产业带构建与发展策略》《京津冀文化创意产业协同发展的困境与突围》《河北省文化产业发展蓝皮书（2018）》《燕山—太行山片区文化产业与精准扶贫融合发展策略研究》等。

　　《河北大运河文化带发展策略研究》仍然可以看作这一系列成果中的一部。本书是我和团队成员商建辉教授、宋伟龙副教授进行多次商议研讨的结果，内容的框架、体系经过了反复打磨，力求详尽的体现河北大运河文化带建设现状和发展策略，然后联合与河北大运河沿线相关高校的优秀教师进行了调研和资料收集整理工作，组建了"河北大运河文化带发展策略研究"课题组。因此，本书得以成稿，无不倾注了我和我的科研团队大量心血，我们历时两年多，对河北5市21县大运河文化遗存、文旅资源、存在问题进行深入调查和思考，针对不同地市大运河现存问题提供了对应的发展策略。在此，我对我的科研团队成员表示深深的谢意，将他们的名字列出，感谢他们对本书部分章节做出的贡献：

　　张志平（第1/2/4章）、于圆圆（第3章）、王保超（第5/6

章)、郑雨茜、安琪、郭晓月(第 7 章)、陈娟(第 8 章)、刘涛(第 9 章)、宋建伟(第 10 章)、李红强(第 11 章)。

  本书作为河北省第一部对大运河文化带研究的专著,偏重于为大运河发展提供实际的应用策略,着重解决河北大运河文化带建设过程中存在的实际问题,在学术和理论架构上稍显不足。这与本书研究的问题和我的治学范式也有一定关系。另外,本书之前相关学术专著比较匮乏,资料收集难度可想而知,这也是研究选题本身的复杂性以及本书作者自身的局限,书中难免会有错漏之处,敬请专家学者和广大读者批评指正。

  另外,本书得到河北大学社科处的大力支持(河北大学红色文化研究(重点)专项(项目编号:2021HHW004))。同时,也感谢河北省教育厅、河北省文旅厅、河北省发改委和相关科研院所对本成果的大力支持。期望政府、高校和科研院所等多方力量能够在本方向继续深入开掘,产出更多高质量的成果。

杜 浩

2022 年 3 月